東京大學東洋文化研究所大木文庫藏明清稀見史料匯刊

第二輯

上海古籍出版社

京控承當各案看語（一）

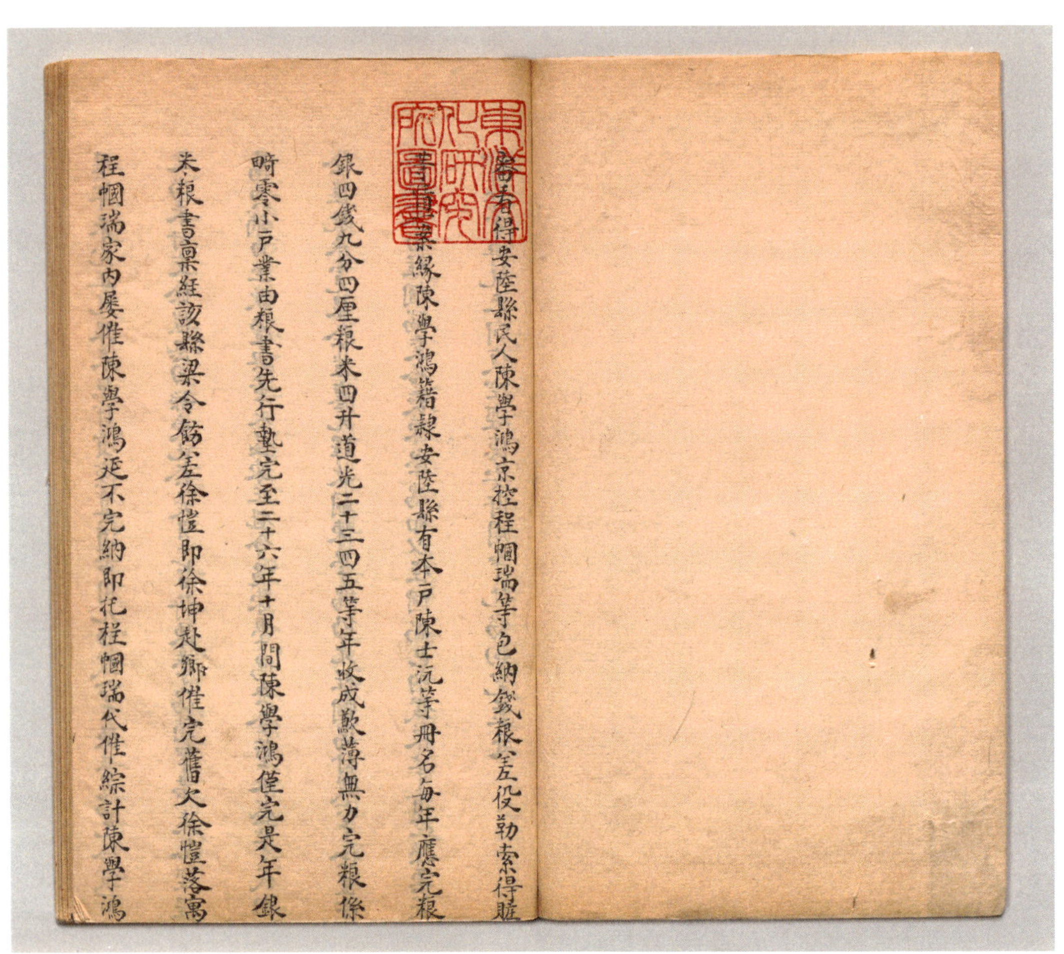

看得安陸縣民人陳學鴻京控程幗瑞等包納錢糧差役勒索得贓
案緣陳學鴻籍隸安陸縣有本戶陳士沅等冊名每年應完糧
銀四錢九分四厘糧米四升道光二十三四五等年收成歉薄無力完糧係
畸零小戶業由糧書先行墊完至二十六年十月間陳學鴻僅完是年銀
米糧書稟經該縣梁令飭差徐愷即徐坤赴鄉催完舊欠徐愷落寓
程幗瑞家內屢催陳學鴻延不完納即托程幗瑞代催綜計陳學鴻

京控承當各案看語（二）

本册目録

京控承當各案看語（上）

京控承當各案看語

《京控承當各案看語》不分卷，一帙十册，封面均無題簽。册内各案看語均有題，係清道光二十六年至二十七年武昌府知府劉源濬承辦的京控案件。據《均州魏先秀京控一案看語》後的聲明，劉源濬于道光二十六年十二月二十日到任，接替同日卸任的前署武昌府知府夏廷楨（此人亦見《審解隨州孀婦汪劉氏京控其子汪立身犯事擬徒懇求留養一案》等）開始接審案件。現存各案涉及湖北各州縣（安陸縣、長樂縣、荊門州等）、衛所（荊正衛、德安衛、荊州衛等）百姓、革貢（生）、軍屯丁等，均係京控後由「刑部諮回各督撫審辦」者（光緒《大清會典事例》卷八一五《刑部·吏律·公式·事應奏不奏》），具體來説是在「刑部訊供諮解回楚交撫憲」之後，再由憲臺（按察使）等機構委派劉源濬承審後所擬處理意見，並將看語呈請「憲臺會核審轉」。這些案件均記録在第九册所保留的《京控已未結各案》中。這是劉源濬承審京控案件辦理情況的統計，共列六十七起案件（已結六十一案，未結六起）。部分案件未見於《京控承當各案看語》。除劉源濬、夏廷楨外，「前署武昌聯」（見《開呈蘄州革貢陳佐庭遣抱京控糧書夏章輝等勒折浮收等情一案》）及也曾參與承辦部分案件，但時間不長即調任。據民國《湖北通志》卷一一五《職官志九·職官表九》，此人即聯英（滿洲鑲黄旗人），道光二十二年任安陸府知府，二十四年轉任荊州府知府，但該書未載聯英和夏廷楨（道光二十年十二月至三十年二月任漢陽府知府）曾署任武昌知府之事，可補史缺。（張雨）

[illegible]陸縣民人陳學鴻京控程幗瑞等包納錢糧一案看語

審看得安陸縣民人陳學鴻京控程幗瑞等包納錢糧差役勒索得贓
書情一案緣陳學鴻籍隸安陸縣有本戶陳士沅等冊名每年應完糧
銀四錢九分四厘糧米四升道光二十三四五等年收成歉薄無力完糧係
畸零小戶業由糧書先行墊完至二十六年十月間陳學鴻僅完是年銀
米糧書稟經該縣梁令飭差徐愷即徐坤赴鄉催完舊欠徐愷落寓
程幗瑞家內屢催陳學鴻延不完納即托程幗瑞代催綜計陳學鴻

歷年未完正耗銀米照時價核算須市用九四錢六千陳學鴻允給錢一千文尚未付交徐愷恐回縣受比於是月十七日將陳學鴻鎖拏帶走路經程萬典鋪内坐歇適與董永盛陳正魁會遇陳學鴻央令董永盛等代向徐愷就承寬限徐愷應允釋放嗣陳學鴻仍憑程幗瑞付錢六千徐愷亦將粮券由程幗瑞交給薛陳學鴻即以程幗瑞包納錢粮等情控縣票差何盛等傳訊未到復控經德安府周守批飭拘究並赴

憲台藩憲衙門具呈批府提訊陳學鴻赴府投到交其歇家余慎之保候該縣
梁令查傳人証未齊致未解審陳學鴻因見府差石加進曾在余慎之家
往來心疑徐愷有串弊賄通情事隨在保潛逃起意京控並因在縣聽審
向陳雲揚借得錢文自行花用錢二十千四百文又自給縣差何盛夏富吳
楚飯食錢二千文又前曾寫立借票央余慎之轉懇余廣源借錢四十千文
未允捏稱業已借得俱作為差役詐贓並稱徐愷係草役復充一併牽列

作詞進京赴

提督衙門具控送

刑部訊供咨交

撫憲行奉

憲台藩臬憲會札報委甲府審辦詳奉委提人卷至省飭發下府訊悉前情案

無遁飾此案陳學鴻京控各情或出有因或係懷疑其指控差役何盛

等詐錢六十餘千如果屬實何盛等罪應軍徒今訊止各得陳學鴻白
給飯食錢數百文並非詐贓罪止不應重杖係誣輕爲重軍罪照滿流折杖
二百四十陳學鴻除越訴輕罪不議並告何盛等得寔杖八十外應坐杖一
百折責發落剩杖六十照律收贖差役何盛夏富吳楚訊無索詐情事
其各得飯食錢數百文雖係陳學鴻自給亦有不合應照不應重律杖
八十何盛折責革役夏富吳楚未到飭縣傳案責革並追所得錢文入

官程幗瑞訊無包納錢粮應典並未更名復充串弊之粮差徐愷及並未
賄通之府役石加進均毋庸議無干省釋未到人證並免提質是否允協理合解詳候
憲台會核審轉

松滋縣民胡宗祥京控黄大㒰等一案看語

審看得松滋縣民胡宗祥京控黄大煟等違斷佔洲毁搶田麥等情一案緣胡宗祥等之大洲在松滋縣城外東北四里許該洲南北各有大江支河一道枝江縣黄大煟等之蘆洲坐落在大洲下游斜偏東南兩洲垸埂形窄而長相距約四里許中有枝邑張氏舊祠堂基址古碑尚存接連張氏祠田係周禮田畝大洲洲尾以下蘆洲洲腦以上原有自北至南小河一道因江

水疊漲小河淤塞僅存積水溝一道以致兩洲相連遂漸淤寬
界址淆混胡宗祥等營業之契載明坐落大洲尾者五十餘紙
黃大幅等營業之契載明坐落蘆洲腦者五紙道光十四年兩
洲業民爭界控經樊恭坦等處令由周禮田邊對江直下為界
嗣地形屢遷仍無界限道光二十六年四月內胡宗祥等與黃大
幅等控經松滋枝江二縣調契核訊並勘明大洲北面上段直

抵河塲下段半係熟地半生蘆葦切近大洲蘆洲處所半為蘆
洲業民開墾種麦此即两造持以相争之處詰問樊恭坦等不
能確指界限酌中斷令自大洲 極末周禮田邊起就其田形直
劃至河塲為界界西縣大洲民人管業界東歸蘆洲民人管業
已種麦粮仍聽蘆洲民人収割大洲民人不得覬覦蘆林截出
十分之二歸大洲以資牧養牲畜黄大幅等堅不輸服未能定

界五月初七日兩洲民人割麦爭毆致黄大潮被毆身死此外
亦互有受傷報經該縣等勘驗通詳稟府飭委公安縣會同丈
勘共計淤生約一千四五百畝內從張氏祠田邊周禮田界起
西北丈至溝邊止計二百零一弓斷令再截出一半湛中分界
向東北直至江勘處西北歸大洲東南歸蘆洲大洲民人遵斷
蘆洲民人仍復狡執該縣等再三開導並將黄大幅薄予掌責

亦不輸服該縣等繪圖議詳批府督飭覆勘兩造先後上控行
令秉公勘斷胡宗祥族人胡宗友胡宗珍於二十七年二月內
途遇黄大幅等口角爭毆控准枝江縣併拘未到胡宗祥因黄
大幅等屢不遵斷訟累無休起意京控隨自作呈詞進京控奉
提督衙門送
刑部訊供咨解回楚交

撫憲行奉

憲台藩臬憲會同報委卑府提訊原告供情詳奉委員押解胡宗祥至

荊檄委荊州府通判陸恩紱會督松滋縣知縣陸錫璞枝江縣

知縣朱啟鴻傳証詰勘茲據稟稱勘丈得大洲蘆洲垸埂相距

計七百九十餘弓兩洲之中北邊有積水溝一道細查情形水

溝即昔日之江墈跨溝南北淤生蘆林一片南邊蘆林少蘆洲

人俱已開種北邊蘆林多未及開種沿溝直丈共長六百七十弓溝之北東橫一百五十弓西橫二百弓蘆林中亦有蘆洲民人新墾地畝又兩洲交界之處有張氏祠田一塊離大洲垞尾百餘弓其東係蘆洲熟田其西即大洲尾熟田自張氏田邊傍東北角有草路一道由東至北斜長二百零一弓至積水溝止溝外斜灣至江三百一十七弓亦半有草路其草路之西北係

大洲垸外熟田東南係蘆洲新開田畝聲明地在江中坍淤靡常難以拾壟陞科等情繪圖連人奏契約由萎貴解來省𧇊下府单府隨核閱契批及歷次勘詳圖説悉屬相符訊批各供前情如繪此案胡宗祥等與黄大榴等互爭之地一以契載坐落大洲尾爲憑一以契載坐落蘆洲腦爲批先經松滋枝江二縣斷令自大洲極末周礼田邊起就其田形直劃至河壩爲界界

西属大洲界東属蘆洲而蘆洲人不服復經該二縣會同公安
縣斷令從周禮田界起西北丈至溝邊止計二百零一弓再截
出一半西北属大洲東南属蘆洲而蘆洲人仍不服此地在大
洲蘆洲之外既無一定確切界址強為區分何能杜爭息訟卑
府細按圖説所載地形淤生之處近蘆洲者為是是以初次斷
案截出蘆林十分之二二次斷案截出蘆林十分之一歸入大

洲大洲民人並無異説第究屬臆揣別無稽考與其遷就調停
旋斷旋爭不如酌斷入官彼此無所狡執且地在江中淤削靡
定年年經水難以全行招種陞科應請照圖內自張氏祠田角
周禮田邊起所有蘆洲新開熟田二百零一弓以及積水溝之
北横二百弓內已墾熟田均歸枝江縣照例確勘畝數科計粮
則另行詳辦陞科未種荒地永作官荒禁止開墾兩造均極情

恩：余恩具結不敢再爭其迤東未開盡地柴草仍由黄姓管業

亦永遠不得開墾以資江邊保護此外未爭處所各照各契管

業胡宗祥未在

督憲前呈控遽行赴京越訴合依越訴律笞五十無干省釋黄

大潮被毆身死之案已解經荆州府報委江陵縣會審仍由該

縣等另行審明辦理兩造契約粘結遂一發還收執並候奉准

部覆飭縣定界立　碑永昭遵守是否　允協

監利縣民婦朱江氏遣子朱東正京控朱東文一案看語

審看得監利縣民婦朱江氏遣子朱秉正京控朱秉文謀買房屋未遂帶人將伊夫朱佐武毆傷等情一案緣朱江氏之夫朱佐武即朱畧洪籍隸監利縣與朱秉文朱懋漖朱懋太同族無服朱畧洪先於道光十五年間京控伊染坊被竊獲賊吳狗兒被國士等縱放案內審係朱畧洪風聞竊賊符狗兒名目悞疑良民吳狗兒為賊甫經綑縛尚未拷打成傷與寔在誣良拷打者

不同照將良民誣指為竊捉拿拷打發邊遠充軍例上量減一
等杖一百徒三年咨准
部覆奉發孝感縣安置於道光十七年二月二十五日到配折
責交役看管該犯因配所窮苦旋於是年三月初十日乘間脫
逃並無一定住址道光二十五年間有徒犯在配脫逃免其緝拿
恩旨始行回家適同村居住之劉時繒有祖遺房屋兩間劉時繒之

故父劉德豊在日 於嘉慶年間憑王世亨向朱懋㪚之父朱秉院借用錢三十串當以房契質押為信時劉時縉年幼不知借錢押契情由朱秉院故後其子朱懋㪚等因見劉時縉貧窮亦未向索二十六年五月劉時縉因房屋朽壞負難修理即央朱畧洪劉時縉作中賣與陞人朱懋太為業議定價錢十八串朱懋太因貿易急欲外出即託朱畧洪代為立約付價俟回家归

價取約朱畧洪隨邀劉時縉與劉亨譜至家寫立賣約並先墊
付劉時縉屋價錢二串文朱懋徽查知憶及刘時縉房屋舊契
尚在伊家貭押同兄朱懋芳與弟朱懋藻往向刘時縉查問並
至朱畧洪家嘱其將所賣屋價扣還借錢彼此口角揪扭致將朱
畧洪家神前香炉窓櫺拌落並未互毆成傷經隣人周謨春勸
阻各散朱畧洪往投朱懋徽之胞叔朱秉文復被村斥不甘心

疑朱秉文欲買此屋主使朱懋獻夯故意尋鬧遂與朱懋獻各
執一詞赴縣呈控經該縣傳到原憑借錢之中証王世亨訊明
劉明縉之父劉德豐當年借用朱懋獻之父朱秉院錢三十串
以房契質押屬寔因案內買屋之朱懋太夯未到並因朱畧洪
訊係逆徒將朱畧洪管押候集証查案質審朱畧洪遷怒朱秉
文不為理處以致搆訟被押即起意架砌情詞上控挾忿因朱

秉文無子曾經娶妾萬氏不守家規逐出另配即以朱秉文捍
换妻妾販賣假控朱兆朋控縣爲証又因嘉慶二十四年有該
縣民方國欽向朱秉院需索加補屋價未遂氣忿自縊身死一
案又嘉慶二十五年該縣民李同清向湯盛烈索欠逞忿自刎身
死一案先俱牽涉朱秉文在内報縣驗訊均與朱秉文無干早
經詳結朱畧洪即添砌此二案均係死於朱秉文之手希與聳

聽並假捏朱東文覬覦刘時縉房屋謀買未遂統領朱茂芳即朱懋芳等報械至伊家拆毁住屋碎爛宗牌將伊毆傷賄通縣書岳繼光朦縣將伊收押有萬敦五過証各情作詞以妻朱江氏出名令子朱東正上赴府司呈控批縣究詳朱晷洪不俟縣訊復查照上控架砌情節作就呈詞遣丁朱東正作抱仍以伊妻朱江氏出名進京赴

提督衙門呈控解

部訊供咨解回楚行司委提人巻來省報委卑府審办遴提

人証逐加研訊供與前情再三究詰矢口不移案無遁飾查朱

畧洪先於道光十五年間因証指吳狗兒為窃賊案内審擬杖

一百徒三年業經到配折責於十七年三月脫逃事在二十五年五

月二十四日清刑

恩旨以前核其前犯情罪不在不准減條款之列應免緝拏即屬無罪之人未便再科逃回妄控加等之罪所有現控各情俱屬有因尚非平控砌控即控縣書賄串亦只空言架砌並未確指贓數無憑生誣惟所控究屬失寔自應照律問擬朱佐武即朱晷洪除越訴輕罪不議外應請照申訴不寔杖一百律杖一百折責發落劉時縉房屋賣與朱懋太為業不知伊父在日借錢曾將

房契質押並非重復典賣朱懋撒因查知刘時縉房屋出賣往
詢契資原借錢文亦無不合應與訊無謀買房屋帯人毀傷之
朱秉文均免置議縣書岳継光究非受賄朦押萬敦五訊無過
付情事朱秉正作抱京控訊不知情且係廹於父命俱毋庸議
劉時縉房屋朱懋太既經屡賣斷令朱懋太當堂繳出房價錢
三十串令劉時縉另立賣契給朱懋太赴縣投税管業朱懋撒

朱懋藻因念劉時縉貧難情愿義讓原借錢二十串令劉時縉將現賣屋價提還朱懋黻錢十串並歸朱畧洪墊付屋價錢二串餘錢十八串給劉時縉收領取具各領狀備案其原押朱懋黻家舊契及朱畧洪代買另立新約均已繳存縣卷一併塗銷免致狡訟無干省釋業經訊明未到人証並免提質以省株累是否允協

審解隨州孀婦汪劉氏京控伊子汪立身犯事擬徒懇求留養一案

審看得隨州孀婦汪劉氏遣抱京控伊子汪立身犯事拟徒懇求
留養爭情一案緣汪劉氏夫故無嗣先憑族戚汪世保劉萬興
等議立汪立文為子嗣因汪立文歸宗另立汪立身承祧撥給汪
立文遺念田六石汪立文隨因缺用憑汪立身將田轉賣與楊潤
為業有汪立癸之兄汪立純佃種汪立身田畝早已退還又有汪
正誼憑汪立文出頂土錢二十千文向汪立身佃種田一石因汪立

身收稞認租真退田不種索還頂土錢文汪立身另欠汪正誼貸
錢均屢討未還道光二十一年汪立身之子姪汪士塝等與虞
際唐等之子同在李昌祚學館攻書迭次被竊衣物汪立身
誤聞有劉姓被竊獲賊供扳劉士羣高駐以劉士羣先曾租
住汪立癸房屋疑係汪立癸知情容留遂喝李昌祚赴隨州
指名控究汪立癸被控不甘於是年十一月初一日同叔汪浦路遇汪

立身互相口角揪扭汪立癸手指抓傷汪立身項頸等處汪立
身喊稟高城廵檢驗明詳州添差蕭仁山仝正奎等協拘十二月
二十二月汪立身復與汪立癸途遇彼此口角詈罵經何祥三等勸
散時有州民何詠洪因貧將妻何劉氏憑媒何珠賣與汪
浦之子汪立章為妻汪立身查知遂冒何詠洪之名以何劉氏
被汪立癸隱匿等情控經德安府批州查報復自以汪立癸

統領劉士羣等打毀什物毆傷伊母汪劉氏復糾匪顧四等強
網塘魚奠汚節屆先後赴府道控告何詠洪查悉汪立身昌
控情由赴州呈明汪浦等亦各具詞訴辯汪立身央託州書李
棟材代扒汪浦等訴詞許送紙筆費錢十千文先交票錢四千文
李棟材不允信知原差蕭仁山等將汪立身喚獲汪立身脫逃潛
至省城控奉

撫憲批府提究汪立身旋赴州投到該州集訊汪立發等並非
賊窩亦無藏匿何劉氏之事將汪立身與何泳洪等各枷杖
交差胡正海等看管録案詳府差役胡正海等各向汪立身索
得飯食錢一千文汪立身從返漢訟自花盤費錢文均在郭恒
興錢店支取汪劉氏聞子辦罪看管赴州求釋未准疑係汪
立文等串害又因汪正誼屢向索欠情急添揑汪正誼佔田霸稞

汪之文盜賣嗣崖並将伊子自花銭文指係州差詐去赴
撫憲控告批府併究汪立身復起意京控照依本省所控情節
並添控李棟材勒詐捏詳各情遣抱赴
步軍統領衙門呈遞解回飭發卑前府審明將汪立身照誣告加
等律擬杖八十徒二年胡正海羅會汪立發等分別擬以杖笞解奉
撫憲審咨發回听候

部覆汪立身於二十四年六月初二日由安陸縣轉解至隨州雲檀鋪地方因天晚落寓姜同興飯店乘兵役睡熟扭斷鎖鍊脫逃因聞差拿甚緊復照原案作詞赴
步軍統領衙門翻控咨解回楚委令漢陽府審將汪立身照原擬杖八十徒二年罪上加逃罪二等杖一百徒三年汪立身希圖留養共稱嗣母汪劉氏年逾七十該犯生有一子汪士琇捏因

患病両足成篤行拠随州查明汪士琇並非篤疾母庸杳亦留

養先後詳奉咨准

部覆在案汪劉氏因嗣子汪立身不能留養起意京控仍照

汪立身原控情節情不知姓名人属就呈詞給令工人汪立清赴

提督衙門呈遞送

刑部訊供咨解回楚行司藝委署前府夏廷文複提訊該抱告

供情查案具詳批汪劉氏以汪立文盜賣嗣産等情隨詳赴
臬轅具控批府提究夏建楨詳請飭提人證未到旋即卸事甲
府到任不次詳請催提旋批汪立文等先後赴府投到隨即提
訊據各供悉前情此案汪劉氏因嗣子汪立身犯事擬徒希圖
留養起意京控雖所告各情尚與汪立身原案相符惟將已
結之案復行呈告殊屬不合汪劉氏應照不應重律杖八十係

婦人照律收贖該氏現在貧難酌量斷令汪立文撥還田三石錢一百八十千文以資養贍已據汪立文書立契約如數繳錢給汪劉氏具領汪立清聽從作抱京控係迫於雇主之命應毋庸議汪立文汪正誼訊未串同盜賣祠產應與並未藐禁捏詳之州書李棟材等均免置議未到人証邀免提質以省拖累是否允協理合解候

憲台俯賜會核審轉

審解松滋縣民周國奇等京控楊士全等謀占祖塋山場地畝等情一案稿

審看得松滋縣民周國奇等京控楊士全等謀占祖塋山
場地畝並伊族孫周輔春家被竊獲賊解縣楊士全等串囑將賊
釋放等情一案緣周國奇籍隸松滋縣與貢生楊士全職員楊士學等同村
居住有遠年祖坟分塋該縣蔭祖月亮二山歷年在縣完麥粮五升
戶名周文斌道光二十六年春間周國奇與同族議將蔭祖山坡隙地開種
以作完粮之資山下係監生楊士龔與楊士品等契買執業水田因周國

奇等在山坡開墾天雨沙石冲壓田内不能栽種投鳴甲隣楊士全楊士

學村斥其非周國奇藉山有完粮祖塋仍復在山坡開挖互相赴縣具

控飭委汛員詣勘蔭祖接連月見二山葬有坟數十餘塚僅周國品周

鳳昇二塚盤有碑記所有周國奇指認之周桂周符氏周吳氏周黄氏

之坟與周姓族譜所載尚屬相符餘坟無凴並勘明周國奇開墾山

坡水冲沙壓是與山下楊士龔等水由有碍該縣集訊因楊士龔等

管業田契内載田以山頂頭坎為界周國奇並無管業坟山契據斷令山

歸楊士龔等照契管業只准栽種樹秧周國奇族間歷完周文斌

户麦粮令楊士龔等過户完納押令周國奇等具結完案周國奇心

不甘服憶及開種山地之初即被楊士全楊士學村斥遂疑楊士龔等

控縣訊斷係楊士全等主使蔽矇並因道光二十年正月周輔春家被

窃查獲形跡可疑之張首生因ム見拟張首生云係劉辛兒所窃窩

往蕭明秀家周輔春當同周國奇等往向蕭明秀家搜查無贓致
蕭明秀之妻蕭鄭氏跌動胎孕欲控周輔春愿給醫葯錢八串醫
痊寢事周輔春事後仍以窩窃與蕭明秀赴縣互控旋經楊士全
楊士學等聯名赴縣公呈力辯蕭明秀寔是非窩户經縣訊明田
么兒並非窩匪省釋張首生供只與窃賊劉辛兒代當贓衣蕭明
秀家本未窩藏劉辛兒由於該犯隨口混指差緝劉辛兒未获

張首生旋即在保病故案經由縣訊詳周國奇因楊士全等為蕭明秀呈剖即殺蕭鄭氏動胎田幺兒省釋俱係楊士全等串嚇並誤聽周輔春給過蕭鄭氏醫藥錢六十一串嗣因與楊士龔等控爭山地經縣將山斷歸楊士龔等管業粮歸楊姓完納觸起前嫌起意京控自作呈詞牽砌道光十四年間楊士龔之父楊正治將周桂周黄氏坟前損壞斷碑搬築田坎周一茂等投鳴甲長陳俊秀處還復事指為楊士品

等久欲占山曾經黑夜盜碑憑証又因案經勘訊後向縣書楊上青
王策玉等查詢勘詳情形被楊上青劉添瑞等唱斥逞忿牵控該書
等受賄偏詳教供朦縣改諭被押及門丁勒詐復添砌楊士品等改
契占山在周桂等坟前開種空壞起造房屋各情希圖聳聽恐難
邀准又以族孫周輔春出名鋪張周輔春家被竊獲賊窩藏蕭明
秀家被楊士全主使蕭鄭氏粧成墮胎嚇詐控縣差拘被李德盛

拒捕搶去錢被稱係楊士全等 祖禀滕縣將窩匪釋放串嚇縣書

劉添瑞舞弊塌案又架伊二十二年楊士全聞充勸捐首士肥橐自請

加捐蕭元堤工監修夫頭舞弊 漁利致傳國本藉楊士全聲勢慣牽

耕牛毆傷蔡安現斃命又趙大懷竊錢捞賣唐文彩之妻楊士全 祖

禀牽連伊名唉縣差戴英才詐伊錢十串龔㷟絟青藉伊買屋控縣

楊士全與魯裕書 祖禀詐伊錢十二串一併叙入詞内遣子周一光邀同

族孫周輔亨作抱進京赴

提督衙門呈遞送

部訊供洛觧回埜報委卑府審辦正詳提人証間拟原告周國奇慮

恐拖累坐誣擬寔赴府呈悔聲明京控詞内牵砌縣書楊上青詐

錢五十三串門丁秦老大爷詐錢二十二串寔係在縣伺勘候審花用

盤費房租飯食錢文由歌家余玉傳先後支用開銷並非丁書勒

訴余玉傳寔未過付周輔春給蕭鄭氏醫葯錢寔只八串楊士全
並無主使嚇詐亦無勸捐肥囊修堤漁利傳國本私宰耕牛並無
確據蔡安現寔係因病身死並非被毆斃命唐文彩之妻唐宗氏
被拐戴英才並未勒詐龔紹青控案楊士全等亦無詐錢情事皆
係該原告隨意牽砌聳聽不敢誣執拖累等語粤府以周國奇控
爭山地經縣訊斷之後仍復赴京翻控必須提同被告查訊明確

始能折服其心隨詳請委員酌提被証叅宗至省並批松滋縣知縣
陸錫璞申稱被告貢生楊士全已於道光二十七年七月十七日在家病故
緻呈貢照詳咨在案隨就先後提到人証訊悉前情案証蕭明秀
於取供後交保病故驗訊並無淩虐情弊此案周國奇京控各情事
尚有因並於未提人証之先摭是呈悔情同自首惟究屬失寔仍應按
律問擬周國奇除越訴輕罪不議外合依申訴不寔杖一百律杖一百

折責發落周輔春京控訊不知情周一光邀同周輔亨作抱京控迫於父命訊亦不知控詞情事均毋庸議監生楊士龔楊士品王永禄嚴定富訊無改契盜碑占山及毀宅侵害情事職員楊士學訊未與已故貢生楊士全主使占山串唆縱賊詐錢縣書王策玉劉添瑞訊無受賄舞弊塌案各情應與訊屬無干之縣役楊承典及蕭明秀在保病故訊無凌虐之保戶人等俱免置議蔭祖月亮二山周圍奇雖葬有遠年祖故僅只

完納粮夯並無管業契據楊士龍等執業田契雖載有以山頂頭坎為
界既係水田何以界至山頂亦屬含混且並未指明山名亦難為憑斷
令該二山嗣後永為官山周楊二姓均不准開挖楊姓亦不准栽
種樹秧已葬之坟只准祭掃不准添葬免致復起爭端周國哥等既
有祖坟在山理應完糧該縣斷歸楊士龍等收完周文斌戶之麦粮
五升仍令周國哥收回照舊完納無干概釋未到人証均免提訊以省

拖累是否允協理合解候

憲台會核審轉

監利縣職員趙廷彥京控一案看語

審看得监利縣職員趙廷彦遣抱趙延漢京控陳必暖等挾嫌糾衆刦去衣物燒燬房屋等情一案緣趙廷彦與陳必暖雷文選廖經綸蕭國鳳郭應祖均在該縣北鄉隣村居住該鄉昔年因牛隻屢被賊竊陳必暖邀同張學珍及各村人等挨家支更輪流廵守曾向趙廷彦商説未允陳必暖等各相查捕遂有牽牛會之名久經該縣禁止又該縣有容城堤防歷係官督民修

於受益農民按糧派征土費係合邑公舉紳耆設局催收道光
二十二年蕭國鳳土費未完經公局紳耆稟請該縣僉差飭催
係趙廷彦幫同縣差王克忠等將蕭國鳳找尋送縣押追完納
蕭國鳳曾與公局紳耆索取完費券票爭論並投鳴陳必暖等
斥說趙廷彦不應幫差拿人趙廷彦不服與陳必暖等口角而
散二十四年七月間有郭緍菴黄正揆等家被竊衣物二十二

日夜陳必暖等見有不識姓名乞丐數人在趙廷彦村外空廟
住宿形迹可疑邀約村衆各執火把前至空廟查捕其乞丐數
人當俱逃走陳必暖等即在廟内起獲郭縉菴等被窃原賍各
散是日趙廷彦家適因灶内遺火先自延燒經保正戈興春及
其戚隣胡之貴趙仁琮等撲救不及致將草屋並衣物燒燬無
存趙廷彦得信自外回歸悮聞傳説陳必暖等因趙廷彦家窩

窃各執火把追賊燒燬賊窩搜去衣物情事趙廷彦並不查明
虛實即疑被陳必暖挾嫌糾衆刦去衣物燒燬房屋令伊弟趙
茂德赴縣具控該前署縣熊寶書札委汎員錢均就近勘明趙
廷彦房屋實係自行延燒情形具覆到縣該縣查傳人証未齊
致未訊結趙廷彦隨即控府批縣訊究復赴意京控即照本省
原控情節添砌縣差劉恩選等得賄並將牽牛會作為千人會

蕭國鳳索券爭論作爲抄局毀券希圖聳聽一併牽敘做就詞稿遣子趙延漢作抱進京繕寫投遞趙延漢因聞其父趙廷彦曾託吴起凡報捐從九品職銜遂於詞内繕寫趙廷彦係屬職員赴

提督衙門具控送

刑部訊供咨交

撫憲行奉

憲台臬憲會札報委卑府審辦遵即詳請委提人卷至省飭發下府正提訊問據趙廷彥以原控多虛據實呈悔前來隨提現到人証訊悉前情案無遁飾此案趙廷彥京控牽砌各情應以所告陳必暖挾嫌糾眾刦去衣物燒燬房屋一層為重如果得實陳必暖罪應擬斬今趙廷彥家係自行失火燒燬草屋衣物於提審時據實具悔究與始終誣執者有間趙廷彥應照誣告人死

罪未決滿流加徒律上量減一等杖一百總徒四年定地解配
折責充徒趙延漢作抱京控係迫於父命但聞伊父趙廷彥曾
託吳起凡報捐從九品職銜輒於詞內繕寫趙廷彥係屬職員
殊屬不合應照不應重律杖八十陳必煖雷文選廖經綸蕭國
鳳郭應祖訊無糾結會劫衣物燒燬房屋情事均免置議趙廷彥曾
否託吳起凡報捐從九品職銜應請飭縣傳訊另行詳辦未到

人証並免提質是否允協理合詳解候

憲台會核審轉

閩臬刑正衛軍丁張步高京控張繼觀等串通族人不攤造船銀兩等情一案

該武昌府知府劉　審看得荆正衛軍丁張步高京控張繼觀等串通族人不攤造船銀兩等情一案緣張步高籍隸監利縣係荆正衛張明户下軍丁該户共有屯田一百五十三畝收稞濟公每逢漕船大造稞不敷用合族攤派協濟由户首收齊繳衛給新僉運丁具領承造歷有舊章道光二十五年張明軍船輪届大造張步高張繼楷張世海承充户首赴衛具認造費銀三百兩回照舊章向同

户各丁派收賬係張步高一人經理張繼揩等隨同帮辦張步高

曾因户衆欠繳派項呈衛差闗勒追張西烜張繼昭等時在監利縣

承修堤工就近禀請塞圻廵檢移衛免提張步高又以張西烜等抗傳

控衛並因張世佐張世春貿居巴東縣遣弟張昌型往收派項值張世佐

等各因有事回籍張步高即自向張世佐派收錢三十千張世春錢十

七千詎張昌型亦在巴東縣向張世佐等家屬收得錢三十三千轉回

維時張世佐等仍往貿所張步高因族衆攤派錢文多有欠繳經衛
比追欲將此項暫挪墊繳旋經張世佐等本房張世崙張繼清張廷佐
查知向張昌型索退未允即投鳴户族張繼觀張西烜張時敏等將
張昌型捆至宗祠稱欲送衛押追張步高即憑張西烜張時敏將錢
退交張世崙轉交張世佐等收領當將張昌型釋放張繼觀與張西
烜等彼此議論張步高重收張世佐等造費其餘各户恐亦不無多

派重收以致户衆傳聞延不派項張步高隨請族長張維新算明收
繳賬目並無多派重收張繼觀等各將應派錢文先後付給張步高繳
衙張世裔同已派未繳各丁均因貧難屢催未繳張步高疑户族之欠
繳造費張世裔等之索退錢文悉係張繼觀等主使添砌張世裔等
毀伊家具吊拷伊父各情並牽列伊與張宗蘭各在縣衙具控張西烜
等收吞公費另案做詞進京控奉

提督送

部訊供咨交

撫憲行奉

憲臺

臬藩南粮憲報委卑府審辦詳奉委提人証至省飭發下府訊悉前情究詰不移

似無遁飾正具詳間據江夏縣驗報案証張時敏在保病故訊無凌虐前

來此案張步高京控張繼觀等串通族衆抗攤造費事出懷疑餘砌

亦無重情其悞行重收張世崙等錢文希圖挪繳別戶欠項罪止
不應惟所控究有不實合依申訴不實者杖一百律杖一百折責發
落張昌型不知張世佐等已回原籍將所派造費請交伊兄仍向各家
屬收取錢文出于無心錢已退還應毋庸議張繼觀張西烜張時敏
訊未主使族人抗繳造費張世崙僅將張昌型捆縛投族索退重收
張世佐等錢文並無吊拷張世琮及抄毀張步高家具情事欠繳應攤

造費現已照數繳案給張步高具領應與訊未避不帮辦造費之
張繼楷概免置議張時敏在保病故經江夏縣驗詳保户並無凌虐亦
毋庸議至張步高京控詞内牽列伊與張宗蘭各在縣衙具控張西
烜等收吞公費另案張步高與户長張維新僉稱已憑族衆算明俱係
公用並無侵吞此案奏宗及其餘人証未據賣解無憑核訊請飭縣
衛另行查辦該族衆所欠應派造費着令赶緊完繳無干省釋未到

人証邀免提訊拖累是否允協理合詳解候
憲台會核審轉再此案應以道光二十七年二月二十九奉發人証下府之日
起限卑府于三月初二日赴堤督修至十四日回署計公出十三日又于十六日
赴堤督修至二十六日回署計公出十一日又于四月初一日赴堤督防至十二日
回署計公出十二日除去公出日期扣至六月初四日屆滿委審例限合併聲
明除將人叅解赴
詳

藩憲
臬南糧憲外爲此

照詳

計申觧

黄陂縣民夏爲傑京控李致祥等借欠銀錢不還一案

審看得黃陂縣民夏為傑京控李致祥等借欠銀錢不還一案

緣夏為傑籍隸黃陂縣居住城內開貿米鋪兼充當該縣粮書

之李致祥葉錫禄李開太彼此素識道光二十三年閏七月初間

李致祥葉錫禄李開太同用胡長守所開致大錢店出給九十

四兩九錢銀票二紙押借夏為傑銀四十七兩七錢立有借字

又二十四年二月內夏為傑之姊夫李金榮亦向夏為傑借錢

二十六千文均未歸償夏為傑控縣並赴府控經飭追葉錫禄
李開太另又在省借用王宏進銀七十九兩零寫有葉正順號
兑票給與為憑旋陸續還清二十五年九月有王宏進彫葦順
自省回縣王宏進將兑票托交帶還葉錫禄等銷帳葦順途遇
夏為傑坐歇閒談將票遺失經夏為傑拾獲夏為傑想及借項
被拖懷忿即將此票作為葉錫禄等另欠伊銀並將李致祥及

葉錫禄等押給之胡長等錢店所出銀票作為胡長等欠伊之
銀稱併被騙於二十六年九月内控奉
撫憲批飭縣究未結夏為傑復起意京控隨照原控情節並因
曾控李致祥之戚宗鼎新央處還銀未理又曾在縣喊稟催審
被門丁褚姓呵斥牽指閑騙又另有喻煥借欠錢十七千文表
述賢借欠錢七千九百文未還一併列入復圖准添砌李致祥

房舍違式各情自作呈詞進京赴
提督衙門具控送
刑部訊供咨解回楚行司委提人眷至省報委卑府審办茲提
集人証訊悉前情究無別故此案夏爲傑京控李致祥等借欠
銀錢訊非虛捏惟藉質押及拾獲各銀票指告胡長等並葉錫
祿等另欠銀兩及砌控李致祥服舍違式均属失寔自應按律

問擬夏為傑合依申訴不實者杖一百律杖一百折責四十板
李致祥葉錫祿李開太同借夏為傑銀兩延欠不還致釁訟端
均應照不應重律杖八十李致祥已因病回家身故應毋庸議
葉錫祥年逾七十照律收贖李開太折責革役所欠銀四十
七兩零照數追償給領李金荣借欠之錢擬夏為傑供願回
縣自向清理並喻煥袁述賢各所欠錢文亦據供明續經其母

夏黄氏收還均亦毋庸議繳到各銀票塗銷無干省釋是否允

協理合觧候

憲台會核審轉

荆左衛黄伏一京控一案看語

審看得荊左衛軍丁黃伏一京控縣書羅宗盛等將入官房屋賄串變價並王義
昇謀買侵吞及甲兵趙忠見重利盤剝拷打逼賣田地等情一案緣黃伏一即黃正誼
又名黃利川係荊左衛軍丁其伯祖黃永綸與其祖黃永經等弟兄四人黃永綸前
在江西寧都州任內虧空於嘉慶二十三年奉辦咨楚查抄原籍家產旋經飭縣查
覈黃永綸原籍有公共屯田五百餘畝計粮三十五石零詳奉咨准屯田仍留隨船濟
運毋庸議變惟黃永綸名下有坐落潛江縣攤地七十餘畝原估變銀三十七兩二錢零

屋一所增估変銀四百六十三兩一錢六分八厘又坐落江陵縣黄永綸弟兄四房公共

瓦屋一所增估変銀八十五兩四錢六分九厘均出示名変隨經潛江縣鮑翰飛將估変

攤地銀兩変觧並經安陸府衍守詳明將尚未変價坐落潛江縣房屋先仍租給

典商劉希元貿易每年向係租銀四十兩奉批飭遵嗣於道光十一年有王義昇具

稟承買由縣給與印照管業此屋計自嘉慶二十三年入官起至道光十一年出変止

共應積租銀五百二十兩僅據該縣將変價銀兩申觧其租銀未經追繳又名変坐

落江陵縣公共房屋無人承買迄未分別變解給領緣奉
前藩憲飭催在案黃伏一先於道光八年因黃永綸身故見江陵縣之入官房屋尚未
變價按股給領潛江縣之入官房屋亦尚租賃悞會道光元年辦有豁免錢粮之案
謂查抄在先房屋均可給還原主商同其堂叔黃昌煥曽向江陵縣書羅宗盛
等查問其事被斥而散維時王義昇拟承買潛江縣典舖黃伏一並向潛江縣書
萬時珍致託欲俟變價請領萬時珍置之不理黃伏一與其分辯亦被村斥挾

㜷遂嘱黄永綸之孫黄振基控告未允即令黄昌焕等赴縣具呈批飭未准寢事

至道光二十三年秋冬間黄伏一兩次凴中高士俊借用荆州滿营甲兵趙忠兒錢一百三十

千議定按月三分起息立據二十五年秋間趙忠兒因本利錢文已有二百餘千屢向

索討黄伏一無力償還央緩不允趙忠兒恐黄伏一日久騙賴黄伏一凴高士俊將自置

頂田四十餘畝契約押給趙忠兒言明俟楚之債還約嗣趙忠兒仍向索欠黄伏一即

捏稱趙忠兒重利盤剥㧞打逼賣屯田等情控縣唤訊未到致未究断黄伏

一亦未上控即以前情又添砌查抄潛江縣房屋亦係四房公共捏增租銀至一千二百两变價銀至一千三百两係王義昇賄串縣書萬時珍謀買侵吞並江陵縣書羅宗盛賄串黄振基变價各情希圖聳聽自作呈詞進京控奉

提督送

部訊供咨交

撫憲行奉

前署南粮憲報委卑府審办正詳請委提人証間即據該原告黄伏一慮恐拖累人証坐誣據寔呈明首悔前來聲明祇江陵縣入官房屋係四房公共因年久無人承買致未变價給領其潛江縣入官房屋租銀变價前均詳定有案係該原告隨意加增等語究詰不移惟查黄伏一該欠滿营甲兵趙忠兒錢文無償抑給田契如即係留濟漕運軍田有私典情事各有應得之罪自應究明酌請行提人卷至省飭發訊悉前情此案黄伏一京控縣書羅宗盛等將入官房屋賄串变價勒

賣並王義昇謀買侵吞及甲兵趙忠兒重利盤剥拷打逼賣屯田等情於未提人証之先業擬呈悔雖情同自首究属不合黄伏一請照申訴不實杖一百律杖一百折責發落其該欠甲兵趙忠兒錢一百三十千趙忠兒情愿讓利還本業已照追給領借字塗銷田契飭還趙忠兒並無重利盤剥拷打逼賣屯田情事應毋庸議縣書羅宗盛等及王義昇均免提訊以省拖累至查抄黄永綸名下坐落潛江縣入官田房業經照估變價繳解未解租銀飭縣勒限嚴追及黄永綸等八宾

坐落江陵縣房屋飭縣照估变價分別報觧給領是否允協理合詳解候

憲台查核審轉

審詳武昌衛軍丁劉簡宣等京控柯進浮等一案看語

審看得武昌衛軍丁劉簡宣京控大冶縣民人柯進泮等承種屯田
抗不納糧帮費等情一案緣劉簡宣與弟劉簡鐸並劉天雨劉簡廷
均係武昌衛胡匆泗船王興戶下軍丁住居大冶縣撥有未歸船之絶
班軍孫釗戶屯糧八石二升此項屯産先年經劉簡宣等之祖頂與民
人柯進泮等之祖柯添若承種認納糧三石一斗五升乾隆八年冊載明
晰嗣改歸柯寶萬柯隆堂名下頂種共納糧四石三斗三升五合旋柯隆

堂將粮一石四斗五升五合柯賓萬將粮二石七斗二升轉頂典民人劉
得榮剩粮一斗六升仍在柯賓萬名下乾隆三十八年嘉慶十年道光
十八年三次清屯該衛隨時查明更正載入印冊劉簡宣等未悉轉
頂情由仍向柯進洋等催完不理疑其抗粮欺吞於道光二十三年控
衛移縣喚訊柯進煥等亦以栽誣具訴差傳人証未到両造隨各赴
院司道憲各衙門互控批行縣衛會同查冊訊斷姜于治等因係両

造戚好從中勸處令柯進洋等給劉簡宣等帮貲錢一百零五千文
先付錢六十千文劉簡鐸親書柯姓無根字一紙列劉簡宣等之名交
與柯進洋等収執永息訟端劉簡宣劉添雨不遵調處疑姜于治
把持續呈一併牽控並有同軍吴炘榮等赴縣公呈孫釗絶地寔係
坐落柯姓門首該衛縣迭次會訊各執一詞劉簡宣起意京控隨照
本省歷控情節自作呈詞並添砌姜明謙訟棍王唆縣書梁逢吉

受賄改供樊滕各情進京在

提督衙門控奉送

刑部訊供咨觧回楚之文

撫憲行奉報明委経𤰞府提訊原告供情詳請委員先後提到人証

卷册飭發核办審悉前情此案劉簡宣京控柯進泮等抗粮估也

事出有因惟称姜明謙訟棍主唆縣書梁逢吉受賄改供雖未指出

証據究屬失寔自應按律問擬劉簡宣合依軍民詞訟申訴不寔者

杖一百律擬杖一百折責發落劉添雨僅同劉簡宣聯名上控其於劉簡

宣砌詞京控並不知情應與訊無把持唆訟之姜于洺姜明讓暨訊無

受賄改供之梁逢吉均毋庸議劉簡宣等所得柯進洋等錢六十

千文照數追還柯進洋等當堂呈出劉簡鐸所立之字案結銷燬

嗣後孫釗户絶屯額粮除劉得榮頂完四石一斗七升五合外柯寶萬

名下只有粮一斗六升，飭令另立柯泮煥柱名呈衙入冊更正，按年完納截

券。餘粮三石六斗八升五合，由劉簡宣等自行清完，不得藉詞再行牽

混。一切造運經費，亦不得派及柯進泮等，以杜牽擾。無干省釋，未到

人證邀免再提，以省拖累。是否允協，所有訊擬緣由，理合解詳，候

憲台會核審轉。

巴東縣民鄧尚儒京控鄧尚月等焚搶伊家並將幼女燒斃一案

審看得巴東縣民鄧尚儒京控鄧尚月等焚搶伊家將幼女燒斃
並砍落伊手指等情一案緣鄧尚儒與鄧尚月並鄧全應鄧尚柏
均同族無服道光二十五年六月鄧尚柏在鄧尚儒家押錢賭博
輸欠鄧尚儒錢六千八百文旋鄧尚儒屢向逼索鄧尚柏之父鄧
詠春告之鄧尚月欲以猪隻抵還鄧尚月以鄧尚儒為人刁狡恐
後再生枝節令鄧詠春索其書立收受賭錢字據鄧尚儒不允

強將鄧詠春家牛隻牽走作抵鄧詠春赴縣控告鄧尚儒聞控
生畏退還原牛因嗔鄧尚月欲伊立字並疑鄧詠春控縣亦
係鄧尚月主使即至鄧尚月家吵鬧將什物打毀鄧尚月亦赴
縣具控飭差劉芳顏貴拘訊未到經族人鄧尚高等憑同鄧
全應處令鄧尚儒賠還鄧尚月被毀什物錢六千文先交錢四
千餘欠二千許緩措交立有欠字付鄧尚月收執是年十二月

十一日鄭尚儒措就錢二千文令鄭全應轉交適值鄭尚月外出鄭全應將錢交與鄭尚月家未將欠字取回鄭尚儒疑為鄭全應扯用兩相口角鄭尚儒忿將鄭全應留住欲令將錢賠出當經其家借住之文茂解勸並鄭全應之母鄭李氏聞知往向剖辯鄭尚儒復將鄭李氏罵逐鄭李氏情急忿於是夜潛在鄭尚儒屋前樹上投繯殞命次早鄭尚儒得知將鄭全應放歸

鄧全應拔知族長鄧富春邀同族人鄧全坤、鄧全忠、鄧康春、鄧應春、鄧講春等往捉鄧尚儒等送官。鄧尚儒時正在家與文茂燒柴烤火，聞信即令妻子避出，自與文茂亦各往外躲避，不防屋內柴火燃發，致將草屋延燒。適鄧全應等走至，將大撲滅，尋獲鄧尚儒扭至鄧全應家細縛。時已天晚，擬俟明日送縣具報。鄧全坤等各先散回，止鄧富春在彼。鄧尚儒被細卧地詈罵並稱到官諒無重罪將來釋回定欲害及鄧全應全家鄧全應氣忿起意將其致成殘廢使日後不能尋害即取菜刀將鄧尚儒兩手十指齊掌砍落鄧富春攔阻不及將鄧尚儒解放鄧尚儒隨以被捉砍傷砌称鄧尚月糾衆放火燒屋並將伊幼女燒斃情詞令子鄧全華赴縣報控鄧全應亦以母被鄧尚儒逼縊報縣經 該前署縣黎道鈞督同汛員

詣勘鄧尚儒屋內椽住燒燬墻外木枋未損係由內起火情
形屋內並無燒斃幼女屍骸復驗明鄧李氏寔係自縊身死
鄧尚儒不候縣驗赴宜昌府以前情具控由府驗明傷痕飭縣
集証解府督審鄧尚儒復架捏鄧尚月就衆執斧搶掠焚
燬房屋致斃女命將伊砍傷又將伊子鎖勒立字巡司受賄
臨場不驗並鄧尚月因知犯法央人許給錢三百串勸伊含冤

莫，許各情赴道呈。
憲轅呈控，批府審究。並由司將鄧尚儒發回，備質鄧尚儒又在
保潛逃。起意京控，照依歷控情節，倩不知姓名莫命人為就呈
詞，因與族人鄧全坤、鄧尚殿、鄧全忠、鄧春風、鄧尚懷、鄧克芹、鄧
克逵及張能汴等另有夙嫌，並縣役劉芳等未及將案內牽涉
人證集解，疑有賄搨，一併砌揑入詞，進京赴

步軍統領衙門呈遞訊世鄧尚儒復捏稱伊女屍身被窃

奏奉

諭旨交

督憲審辦並奏將鄧尚儒咨解回楚行司委提人卷至省報

明飭委卑府審辦隨經訊明正具詳間鄧全應因患病在監

身故經江夏縣驗訊並無凌虐詳報卑府隨提人證覆加研訊

據各供悉前情無異貞究鄧尚儒家住屋寔係自行失火延燒
亦無幼女被燒斃命鄧尚月手並無搶掠放火各情事質詰不移
案無遁飾此案鄧尚儒於鄧尚柏輸欠賭錢牽牛作抵被控同
鄧尚月先曾干預其事疑由主使往鬧毀物追經馮允族處賠錢
文因令鄧全應經手交清未將字據收回扣留鄧全應欲令賠
出致鄧全應之母鄧李氏情迫縊斃按賭博罪止杖枷威逼致

斃人命亦止滿杖均屬輕罪其因鄧全應將其挾拏砍落手指
於案已飭府提審輒架以鄧尚月糾衆焚搶燒斃伊女各重
情臚列多人越赴京控今審明係屬虛誣自應按例問擬鄧
尚儒合依驀越赴京告重事不實並全誣十人以上者發邊遠
充軍例發邊遠充軍已被砍落十指成篤照律收贖鄧全應
係鄧尚儒無服族姪因母被鄧尚儒逼縊邀同族衆挾其送官

復因被罵稱欲尋害逞忿砍落鄧尚儒兩手指雖屬故折所
傷究非平人仍合依折人兩肢令至篤疾者杖一百流三千里律
係卑幼犯尊長照律加一等發附近充軍業已在監病故應無訊
無凌虐之禁卒均毋庸議鄧尚儒威逼鄧李氏致死應追埋銀
同鄧全應應給鄧尚儒養贍一已被折兩肢無可謀生一已病
故訊無產業均免着追鄧尚柏與鄧尚儒賭博經伊父鄧詠

春告燬律司自首應照律免罪鄧尚月訊無糾衆焚搶燒燬

人命情事應與訊被牽控之鄧全坤等及並未受賄塌案之

縣役賴貴等均免置議鄧尚儒所牽鄧詠春家牛隻及打毀

鄧尚月家什物業經交還賠償亦毋庸議鄧尚月存執欠字

飭繳銷燬無干省釋是否允協理合解候

憲台俯賜審轉

安陸縣雷方林京控一案看語

審看得安陸縣民人雷方林京控程洸州串賣雷李氏並聳戴洸登賴伊縱牛踐食田禾控縣書差得賍及吞用田價糾毆替情一案緣雷方林係雷黃氏夫族叔雷黃氏之子雷永祥故後遺媳雷李氏於道光二十五年經雷黃氏商同李氏之父李見奇轉央戚人程洸州為媒將李氏再醮於周加用為妻並無財禮雷黃氏因未得受財禮疑係李見奇吞用赴縣具控旋經程

洸州處令周加有給雷黄氏財禮錢十二千文由族戚黄洸和
并請息銷案二十六年閏五月二十三日雷方林家牧放牛隻
至戴洸登田内踐食禾苗戴洸登斥其不應縱放致與雷方林
争毆戴洸登控縣差唤雷方林央邀程洸州勸和未允即自赴
縣投番送給縣差段懐并飯食錢共一千五百文嗣因戴洸登
未到經雷方舉并處明呈請銷案是年十一月間雷方林赴倉

完粮並另背贖當錢二千三百文適遇曾借給雷黃氏錢文之
户書何輔清託為滙還雷黃氏欠項雷方林不允彼此口角詎
完粮人衆擁擠雷方林不知如何將錢失去隨捏以所失即係
買米完粮之錢往令何輔清代為買米交倉被何輔清與户書
熊聘三等並縣差江朧利用言向斥雷方林不依吵鬧何輔清
等欲扭其稟官雷方林始將粮米完納因被斥不甘曾投鳴素

識之縣差王全称欲刎控勒折私誘經王全勸阻寢事又雷黄

氏借欠程正敏錢十五千文曾憑程洸州賣田還債雷黄氏得

價另用雷方林遂疑程洸州有吞用情事嗣程正敏催討雷黄

氏又將田三斗出賣與雷方林議價錢二十二千五百文雷方

林嫌價昂未買雷黄氏隨另托雷方雲等賣與雷方全管業雷

方林又以伊係近房仍欲承買雷方全亦愿轉賣維時田稻將

收雷方林並央戴洸爵并凴程洸州及張作範等給雷方全錢
谷令雷方全退約另換約給雷方林承買雷方林應出田價延
未付給屡經程洸州催促口角雷方林即以程洸州覬覦雷黃
氏田産赴縣具呈程洸州被控投同戚陰戴可盈等往向雷方
林理論爭鬧雷方林不服起意京控遂捏砌程洸州糾毆搶搬
強當吞用並風聞有黃國顯犯案配逃隨意添列各人名並以

雷黃氏嫁賣其媳已銷控案爲程洸州串賣勒和自給縣差段

懷方正飯食錢一千五百文作爲書差詐得錢十五千文又以

與戶書何輔清芋口角及完粮失去錢文作爲何輔清毀奪吊

撈勒折粮米各情牽叙伊祖母張氏及母毛氏均守節多年依

就呈詞進京赴

提督衙門具控送

刑部訊供咨文

撫憲行奉

憲台藩憲報明會委卑府審辦詳奉委提人卷至省飭發下府訊卷

前情此案雷方林京控程洸州串賣雷李氏並糾毆捲搬強當

吞用毆奪各情或事尚有因或係懷疑所致惟指告書差得錢

十五千文列有過証如果房寔書差應照蠹役詐贓例擬軍今

訊止自給縣差段懷等飯食錢一千五百文並非詐贓罪止不
應重杖八十係誣輕為重軍罪照滿流折杖二百四十雷方林
合依誣輕為重反坐以所剩不寔之罪未論決徒流止杖一百
律除咅段懷等得寔杖八十外應杖一百折責發落剩杖六十
照律收贖段懷方正得受雷方林自送飯食錢文雖非索詐究
屬不合均應照不應重律杖八十現未到案飭縣傳責草役並

追所得錢文入官程浣州訊未串賣勒和否用田價及糾毆強
當何輔清并亦無毆奪勒折私撈情事均免置議雷黄氏出賣
田畝雷方林不愿承買契約塗銷應由雷黄氏另覓售主雷方
林失去錢文無從着追雷黄氏之孀媳李氏係雷黄氏主婚再
醮已得財禮並非串賣戴洸登因雷方林牛隻踐食田禾向斥
爭毆互控旋經和息俱已由縣銷案雷張氏并是否守節已届

二十年應否請

旌應飭縣查明照例取造冊結辦理黃國顯有無其人是否逃犯

飭縣查明詳辦無干者釋是否允協理合解候

憲台查核審轉

江陵縣民崔洪瑞京控周家齊姦拐伊妻盧氏等情一案

審看得江陵縣民崔洪瑞京控周家齊姦拐伊妻盧氏並崔洪瑞於取供後在押病故等情一案緣崔洪瑞籍隸江陵縣早年入贅盧氏為妻改名盧先贅生子盧玉現年十六歲道光二十四年崔洪瑞因貧難度起意商允盧氏將其賣錢使用央素識之盧耀殿代覓娶主盧耀殿稔悉公安縣人周家齊欲娶妻室曾託做媒隨向周家齊說合議定財礼錢二十四千文於

是年八月二十六日崔洪瑞令盧耀殿代寫婚書自己摹盖手掌印付周家齊收執周家齊交清財礼接娶盧氏成婚盧玉無依隨母過度時年十四歲周家齊隨引盧氏母子至伊妹夫楊遠減家寄居二十五年二月内崔洪瑞財礼用盡探聞媒人盧耀殿物故意圖訛詐往投監生楊承俊戥貢陳純一同保甲魏理芳等捏稱盧氏係被周家齊拐逃與周家齊畏惧和給錢

文楊承俊等向周家齊詢知買休情由，并斥崔洪瑞之非。崔洪瑞即以周家齊姦拐伊妻盧氏赴公安縣控請拘究。周家齊同日亦以崔洪瑞捏告圖詐具呈，並邀保正魏理芳稟送盧氏盧玉到縣。該前縣張爾璧飭集人証訊據周家齊、盧氏、盧玉僉供寔係崔洪瑞因貧賣休，當堂呈繳婚書。張尔璧核明令崔洪瑞以手掌比對摹印相合，暫將盧氏母子交周家齊具

領侯傳齊盧氏夫家母家親屬人等到案再行要訊定斷詳辦

周家齊旋帶盧氏逃出覓工崔洪瑞未能遂慾自作呈詞架捏

楊永俊等包攬主訟捏造婚書賄丁朦縱各情先後赴荆州道

府並

憲轅暨

兩院憲呈控均奉批縣究詳崔洪瑞見周家齊日久未歸起意

京控隨照本省歷控情節添砌楊承俊等勒錢五串未遂指

領並周家齊移掕衣物錢米各情作詞携帶赴京控奉

提督衙門送

刑部訊供咨解回楚交

撫憲行奉

前憲批委卑府先提原告訊供詳蒙委員提到人卷飭發下府並

拟江陵公安二縣申詳周家齊盧氏不知下落驟難获解等情前
来隨就現在人証研訊拟各供前情不諱並詰拟盧氏母家之堂兄
盧先珍堅稱盧氏寔係崔洪瑞因貧賣休崔洪瑞亦自俯首認
証按遑切結查两造同日控縣業經該縣當堂核明婚書飭崔洪
瑞比對手掌印相符其為是賣非拐毫無疑義周家齊盧
氏現在困未到　案衆証确鑿應即先行拟結正詳解開崔洪

瑞在押病故批江夏縣驗訊通報並批崔洪瑞之子盧玉即崔玉赴
府提到經平府提同案內人証質供相同議擬解奉
憲台提訊以各供尚有未確發飭覆審遵提齊犯加研訊仍各
供悉前情此案崔洪瑞京控勒戳主訟賄丁縱匿各情俱係空言
惟告周家齊姦拐伊妻盧氏同逃如所告得寔周家齊應依和
誘知情爲首例發極边足四千里充軍今審明係和同買休罪

僅滿杖係誣杖罪為軍罪自應照律問擬崔洪瑞除因貧賣

休事在

恩旨以前並誣告楊承俊等勒錢已訟暨越訴各輕罪不議外合依

誣輕為重及坐所剩流止杖一百餘罪收贖律五軍折杖二百四

十除得實杖一百及坐所剩杖一百四十決杖一百餘罪收贖已於取

供後在押病故應與訊無凌虐之看役均毋庸議所得周家齊

財礼並免追征監生楊承俊戢員陳紀一訊未勒錢色訟賄串朦
斷楊遠漏訊未知情窩拐俱毋庸議周家齊盧氏和同買休
各罪應杖一百事犯到官在道光二十五年五月二十四日清刑
恩旨以前應予援免盧耀殿知情謀合罪應杖九十業經病故亦均
免置議現訊盧光珍供明無力听該氏歸宗養贍別無親支盧氏
自應仍歸後夫周家齊完聚俾免失所並與未到人証邀免投質

以肖挹景盧玉恩否歸宗所其旬便是否允協理合觧候

憲台審轉

穀城縣民紀全章一案看語

會審看得穀城縣民紀全章京控被盜行刦獲犯陳貴山等釋放不辦等情一案緣紀全章李洸先孫五汪梯雲均籍隸穀城縣李洸先傭工度日素未為匪道光二十四年二月初七日李洸先會遇在逃素識之周馬何金榜孫玉美周仁義杜得隴黃狗鄧姓道及貧難周馬起意邀允行竊即於是夜共夥八人至紀全章門首周馬用屋旁木桿紮梯翻牆進院開出大門復用

帯去鉄鑿撬開各房門同李洸先等進内出錢十千文及衣包
紀全章堂兄紀全美驚醒起捕失跌磕傷右額角李洸先等迯
逸將贓携至僻處查點當錢俵分各散此案計贓二十三兩零
紀全章報縣淳開贓錢一百九十千文該縣會營勘驗詳解九
月内拿获李洸先訊供通報李洸先旋在保病故亦即驗詳該
縣先於是年二月获到陳貴山一名拠供正月内伊見有不認

識人將牛牽過門前正問價欲買適事主劉瀚升走至認係賍

牛領回其不認識人隨即逃逸伊寔係誤買賊賍未成並未為

匪該縣將陳貴山省釋又於七月獲到孫五一名並起獲鉄銃

訊係防夜器具交差帶候因病取保各在案紀全章聽聞李洸

先供指何金榜行竊即疑何金榜之父何良壽亦係夥犯並聞

陳貴山孫五被獲到官未經查明所犯案由復疑陳貴山等均

係賊匪旋遇見陳貴山與堂兄陳化清同行不知陳貴山經官
省釋又疑陳化清串喝書差放回併欲謊报刦案圖速获賍以
伊兄紀全美即紀美章伊姪紀華岳伊戚趙在禮張富從被盜
拒傷縣書滕詳改強為竊歷控院司批府提審未結隨起意京
控作就呈詞道光二十一年紀全章曾出頂土錢二百千文凭
中王井正等佃種汪棟雲田畝旋收回錢一百串後因欠完租

谷二十五石汪梯雲控縣差喚未到遂同汪升正往向紀全章催
祖令其退佃紀全章意欲汪梯雲出錢一百七十千買伊山地
始允退佃搬遷汪梯雲因價昂不允彼此爭鬧各散二十五年
四月内汪梯雲將紀全章所種粮食割取二石抵欠祖稞紀全
章遂牵控汪梯雲欠伊佃田價錢二百七十串並兩次搶割粮
麦強搬農器各物又二十三年何良壽曾出頂土錢四十千文

佃種陳化清田地紀全章聽聞陳化清得過何良壽錢文因疑
何良壽是賊誤控陳化清得受窩賊賄賂又二十四年十一月
陳化清見有乞丐傅魁黃太鄧全金黃廷美在家強討錢米吵
鬧喊同隣人獲住欲送縣禀究因傅魁等俱愿改悔不再滋事
當即放走紀全章亦未查明傅魁等求乞情由誤控陳化清獲
賊傅魁等釋放因營弁外委雷鳴揚未獲賍賊解縣一併牽入

詞內復添砌汪梯雲汪升正毒打壞房屋私刑拷打及縣役劉正

得鎖禁各情赴

提督衙門呈遞送

刑部訊供咨解回楚委提人卷至省報委卑府姚　審辦嗣奉

行知襄陽府訊明紀全章家寔係被窃並非被盜亦無拒捕之

事紀全美右額角傷痕係起捕自行跌磕委無另有受傷之人

行令併訊旋經甲府姚　訊悉前情並執紀全章央允汪梯雲憑
中汪升正等愿將山地議價一百四十千賣與汪梯雲管業訟
援解奉
前署憲提訊紀全章供情翻異狠明添委甲府劉　會審遵即
會提人証逐加研訊供與前審相同詰其翻案供係圖免罪
並無別故再三研究矢口不移案無遁飾查紀全章京控汪梯

雲搶伊粮麦陳化清得受贓犯賄落及陳貴山等為匪各情或
事出有因或懷疑致誤其浮開贓物罪止杖八十惟將竊案誆
稱被刦應從重問擬紀全章合依以竊為强杖一百例杖一百
折責四十板李洸先聽從在逃之周馬彩竊紀全章計贓二十
三兩零合依竊盜贓二十兩杖八十為從減一等律杖七十業
已（在保）病故應與訊無凌虐之保户均毋庸議孫五私藏鉄銃應照

私藏鳥鎗枷九十枷號一個月例杖九十枷號一個月事犯到

官在道光二十五年五月二十四日清刑

恩旨以前應予援免汪榜雲因紀全章欠租不還強割粮食殊屬不

合應請照不應重律杖八十折責三十板事犯雖在

恩旨以前到官在後應不准援免賊犯何金榜之父何良寿不能禁

約其子為匪例應擬笞已交差病故應與訊無凌虐之看役均

毋庸議其失察李洸先爲匪之保甲事在
恩旨以前免其傳責仍革役陳貴山誤買賊賍未成應予勿論其餘
無干省釋未獲各賍在於逸犯名下追賠汪椂雲現買紀全章
山地錢一百四十千同原欠紀全章項上錢一百千俱限本年
九月内繳縣給紀全章具領退佃搬遷永杜爭端紀全章所欠
汪椂雲稞谷二十五石汪椂雲既願義讓其已割紀全章粮食

二石亦免賠償起获鉄銃案結貯庫彙报逸賊周馬等餙拘获

日另結是否允協理合觧候

憲台審轉

南漳縣監生彭璋京控一案看畧

審看得南漳縣監生彭瑋遣抱京控生員馬侣瀛等挟嫌佔溝
挖塚沖淤伊家田地等情一案緣彭瑋籍隸南漳縣嘉慶二十年報
捐監生領有執照與生員馬侣瀛等附近素識馬侣瀛等祖坟原
塋旱必名所買黄逢典田地界内土名史家沖界内山之西有
坟四塚週圍各除坟脚一丈五尺界内山之南有坟七塚四圍向
以灰椿為界道光十八年馬侣瀛等慮年久灰椿難憑同中

証裁立界石十二處。二十三年十一月內，草必名憑楊瀚等作中，將
是田轉售與彭璋，議價錢八百串。馬尚耀代筆，照黄逢與原賣老
約寫立新約。老約二紙，新約一紙，均交彭璋收執，價亦付清。其馬姓
坟界南以至黄姓堰背分水嶺為界，坟前山脚下向無溝路。彭璋恐
大雨時山水直流入田有傷，不稼，須開溝使之繞越分流。因慮馬姓
攔阻，起意於草必名賣約所載南至黄姓堰背分水嶺為界之

内添入直上二字以爲自上至下俱屬界内 馬姓莫能阻止開溝因原約被墨塗汚難以投税請印於是年十二月初三日仍央馬尚耀代筆照謄 馬尚耀未經查出所添直上二字 彭璋隨將此約投縣鈐印發還馬侶瀛之族人馬可全砍削連界樹枝昌光明佃種彭璋田畝疑在其界内走向告知彭璋以事微未較旋將山脚大路修理俾山水分流 馬尚科馬尚儒查見挖毁二十四年三月二十一日彭璋另在山

下開窄一溝馮佀瀛查知于二十六日同馮仕瀛馮徽章馮登瀛等分執鋤鍬器具前往填平順至昌光明家詢問彭璋下落欲與理論経路遇撃見之楊如張林王潤葉志道黄登第勸走旋保隣鄧謨傅相王正學李大用從中調處讓出界内地二三尺馮佀瀛等讓開溝路一條兩造俱未依允控経前署縣姜國模准理飭差劉復太等喚訊單必名馮尚耀各拠寔訴請調約核断五月十九日

彭璋在縣城陽和觀廟内落寓馬徽章不顧父訟探知前往扭至縣署投到彭璋當堂將草必名原約一紙另謄印約一紙繳經姜令核明歸卷查訊各執一詞諭彭璋繳呈草必名原交黄逢典老約集証再行覆審彭璋禀求還約批駁往商書差潘得楚陳啟豐等代為禀求潘得楚等各斥彭璋之非彭璋氣忿越赴襄陽府具控批縣速集訊詳是年十一月内黄士玉有原買汪姓田畝典彭璋所買草必名之田連界因乏用凭中讓正奎王明鎬等説合轉賣與彭璋議價錢九百

干串黃士玉自不識字倩王昌遠代筆嘱照汪姓原買老約寫約此田界内
亦有馬侶瀛等祖坟老約註載明晰並無水溝字様彭璋憶及前買
草必名之田馬侶瀛等不容在山下開溝今買連界之田業歸一主若干約
内添載水溝兩條馬侶瀛等即難抗爭當照老約另謄草稿添溝兩條
四字今代筆之王昌遠照寫馬黃士玉同將汪姓原買老約併付
彭璋收執彭璋另謄草稿當時銷燬其汪姓轉賣之

約黄士玉仍行檢藏彭璋當交出田價錢一千串暫存王明鎬之
手餘議分限付清各立欠収字据互相交質其時馬佶瀛等因
界坟土低塌挑土培修加高彭璋未候兑價先將黄士玉之約投税
鈐印旋經黄士玉查悉彭璋正因爭溝與馬佶瀛等訐訟私于約内
添載水溝畏啟爭端不顧借田赴縣稟明存案彭璋及王昌遠
並王明鎬之子王昌慶亦各互相稟訴本任縣李景頤帶同原被

親詣查勘提訊，佚詞各執，飭令彭璋、黃士玉各呈老約核斷。彭璋越赴
督憲行轅呈控，蒙將原詞發府查办，不次轉催審詳。彭璋設聞
黃士玉之田已另賣與馬侶瀛等管業，愈抱不平，起意京控，遂照
歷控情節自作呈詞，添砌馬侶瀛等拖斃多傷，毆佔害命，賄囑府縣
書役搨案各情，並囙馬侶瀛等聯名告狀，係馬徽章領首作詞，
指為慣習刀筆，唧恨潘得楚等未允代求還約，指為朋謀，縣聽

不驗不究草率名等捏寔直陳未爲隱飾指係受賄架訟馬侶瀛

等培修黄士玉界内祖坟疑係圖謀陰地假立土堆楊德春之子楊

恒芳前充粮書曾禀其欠粮未完指係馬侶瀛等同黨一併牽

列入詞遣其侄孫彭極作抱赴京控奉

提督衙門送

刑部訊供咨解回楚交

撫憲行奉
前憲會同振明委經前署府夏守提拘告彭極訊供詳蒙委
提人卷來省飭發下府夏守先巳卸事卑府核卷提訊供悉前情
此案監生彭璋京控各情或事出有因或僅屬空言無可按寔反
坐即其子卓必名黃士玉各賣田約內私行添字亦衹圖使山水分
流不致冲田傷禾並非有心欲佔田地山場皆止不應且事犯到官在

道光二十五年五月二十四日清刑
恩旨以前應予援免惟本省尚未訊結輒因誤聞抱忿砌詞遣抱京控
如僅照越訴律擬笞尚覺輕縱彭璋請照不應重律杖八十係監生
照律納贖彭極聽從叔祖之命作抱京控業已罪坐彭璋免其置議
馬侶瀛等祖坟除四塚本在界外除有丈尺外其餘七塚詢拠僉供上約
三十三弓下約一十七弓左約二十三弓均係馬姓坟內之界界外方係彭

璋所買草必名之地坟右約干丈尺與黄士玉之田毗連應聽馬侣
瀛寺照界管業彭璋不得混争但彭璋之田雖向無溝路者仍
令山水直冲珠不足以折服其心如許在坟塋切近處所開溝馬侣
瀛寺又必有所藉口卑府衡情作断馬侣瀛寺坟塋其南本以黄
姓堰背分水嶺為界断令於黄姓堰背起横量十二丈之遠毋許
彭璋挖溝設有溝路聽馬侣瀛寺填平彭璋不得争執此外

彭璋管業地內應聽開溝放水馮侶瀛等不得再行阻撓兩造
以為平允各愿輸服具結其彭璋前繳草必名賣田印約一紙應
將所添直上二字塗去同現呈草必名所交黃逢典原交老約二紙一
併發還收執墨污白約一紙仍附縣卷備查所有黃士玉賣田之
約飭彭璋繳呈塗銷彭璋所立交字及黃士玉收字一併作為廢紙
彼此不得執以為據彭璋另呈出黃士玉所交汪姓原買老約及馮

侣瀛等呈出雍正八年字據康熙二十三年告示仍分給黄士玉馬
侣瀛等具領黄逢典自己賣田之約據草必名供稱已併交彭璋查
收賣之彭璋堅稱並未收到飭令自行各加清檢將來查获隨時禀
明塗銷吉昌慶家所存彭璋田價錢十千文由彭璋回縣自行收領
馬侣瀛等慎講時訊止持有器具並無刀鎗馬徽章作詞告狀
事屬切已不得謂之慣習刀筆扭彭璋赴縣投到亦未將其拖毁受

傷馬尚耀代筆另謄草以名田約不知添字情由應與訊非同黨朋
弊之書役胡德全等均毋庸議無干概行省釋未到人証免其再提
以省拖累彭璋前欠楊洛戶內錢糧據供早已過割完清亦毋庸
議是否允協理合開具看語呈請
憲核

荆門州劉趙氏京控一案看語

審看得荆門州民人劉開第代劉趙氏作抱京控氏夫劉成楹被劉成勲等毆斃私和復欲將劉趙氏嫁賣等情一案緣劉開第籍隷荆門州係劉趙氏之夫劉成楹無服姪孫劉成勲係劉成楹共曽祖小功堂兄劉芳劉家盛均係劉成勲之子與劉成楹服屬緦麻劉成楹係劉張氏之夫劉成秀無服族弟劉成秀故後劉成楹時至其家閒坐旋與劉張氏調戲成姦嗣後遇便

宣淫不記次数劉趙氏屡向其夫勸諫不听經族長劉成紀查
知以事關閤族顔面於道光二十四年四月三十日邀同族衆
劉成松劉成畝劉成俊劉成位劉成文劉大兆並劉成勲将劉
成楹喚至祠堂欲以家規責戒劉成楹不服取琢磨鉄錘向衆
人乱毆劉成紀令劉成松奪扠劉成楹倒地自奪鉄錘過手用
木柄在於劉成楹两腿責打数下受有微傷劉成楹始認悔過

劉成紀等即各放手走散劉芳劉家盛均未在場劉成樞兩腿微傷平復仍潛赴劉張氏家圖續舊好劉張氏悔愧拒絶並於是年五月初八日赴州首告該州郭牧准理差拘劉成樞畏究藏匿在家隨染患痢症延羅茂棠醫治無效至六月初十日病故劉成柏等帮同棺殮安埋在迯之劉幗佑因劉成勲家道可過索借不遂挾有嫌隙起意商同劉趙氏誣告劉成勲父子毆斃

訛詐錢文分用劉趙氏不允劉帼佑仍隐瞞定情捏稱劉成楹
劉成勲俱與劉張氏通姦被劉成勲妬姦懷恨擒劉成楹至祠
堂督令伊子劉芳劉家盛用斧砍毆两膝湾筋割两臁寸骨寸
傷两踝碟碎並剁落右足大指斃命有羅茂棠見証劉成勲
串党唐洪道等和解許給劉趙氏養膳寝事令事隔两載不給
養膳欲賣氏遠方滅口劉趙氏不甘倩伊作詞代告伊不諳依

詞等語央懇素好之另案現革生員張源栻即張智貞代作詞狀張源栻不知事之虛寔照依劉幗佑口訴情節代作呈詞一紙交劉幗佑携去並將代作底稿給羅茂棠閱看羅茂棠曾医治劉成極病症心生疑惑將詞稿存留轉交劉成勲看視時有劉成極外甥余文德外貿甫歸劉幗佑詭詞向其訴述並托言劉趙氏憂急成病卧床囑轉令作抱上控為劉成極雪冤余文

德誤信為寔携詞至省控奉
前憲批州確查先稟一面拘訊詳檢該州郭牧適已訪聞差查
接奉批示當先查案稟覈勒差拘審旋據劉成勳帶同詞証赴
州投到郭牧訊據僉供劉成楹寔係病斃劉成勳當堂呈出羅
茂棠交給張源栻所作詞稿郭牧核明赴叅因人証不齊劉趙
氏亦未到案無憑質寃正比差查拘問劉幗佑見未准提復遣

劉幗紹冒劉趙氏之名以前情赴

憲轅暨

撫憲呈控飭州速審詳由押發劉幗紹着令交出劉趙氏備質

劉幗紹逓至京山縣中途脱逃報經該縣楊際昌研訊解役尹

福朱正供無賄縱情弊移交署縣沈熙麟擬詳勒拏郭牧亦將

所訊劉成勲等供情備録通報劉幗佑因未詐得錢文起意京

控冀劉成勳畏受拖累央人説和隨照張源栻前詞自行改添
情節央懇劉開第冒劉趙氏之名作抱赴京許以得錢均分並
謊喝訊供時務照呈內情節供報劉開第貪利應允携詞至京控奉
都察院衙門訊供咨解回楚交
撫憲行奉批明委經前署府夏守提訊抱告劉開第供情詳蒙
委提人卷來省飭發下府並拘劉趙氏等陸續提到前來夏守

未及訊办卸事平府到任遵提人証研訊據各供悉前情反詰
劉開第堅称寔係听從在逃之劉幗佑主使赴京誣告圖詐劉
趙氏委不知情余文德亦堅称誤听劉帼佑之言聽從作抱上
控不知捏誣情由質之作詞之張源棫據供前代劉幗佑作詞
上告寔不知係捏誣如果知情帮訟必畏人知爲敢將底稿交
羅茂棠看視自取敗露等語各矢口不移似無遁飾此案劉成

樞患病身死衆供確鑿乃劉幗佑挾嫌圖詐捏誣劉成勲妬姦
毆斃主使劉開第冒名京控雖劉幗佑尚未弋獲有劉趙氏等
質証明確應將劉開第先行擬結劉開第合依代人捏寫本狀
赴京告人命重罪不實者發近邊充軍為從減一等例杖一百
徒三年定地發配折責安置毋庸監候待質劉張氏與無服夫
族弟劉成樞通姦合依姦同宗無服親之妻枷號四十日杖一百

例應枷號四十日杖一百劉成楹業已病故毋庸置議劉張氏
係犯姦之婦雖已悔過首告姦不准首仍照例杖決枷贖劉趙
氏於劉幗佑迭次向其商議誣告圖詐始終並未允從應毋庸
議余文德作抱上控固由外貿甫歸誤听劉幗佑捏造之言究
属冒昧應照不應重律杖八十折責三十板另案斥革文生張
源栻誤信作詞並未增減情節尚無不合仍歸伊父張德培京

控另案另行拟办劉成紀身充族長因劉成極犯姦㗖至詞堂
責打毆非折傷所執亦係他物劉成極越四十日之久染患痢
症身故與人無尤應與僅止帮同扭按之劉成松等亦俱毋庸
議劉成極並免啟檢以省蒸刷之慘劉幗紹聽從劉幗佑冒劉
趙氏之名赴院司遞詞是否知情扛帮應與劉幗佑一併飭緝
務獲另行分別究結京山縣疎脱劉幗紹之解役尹榀朱正業

經該縣責革擬結毋庸再議無干槪行省釋是否允協理合解候

憲台審轉

開呈建始縣民王澤選等京控縣書劉恕坦等一案看語

審看得建始縣民王澤選等京控縣書劉恕坦等浮收粮銀一案緣王澤選鄢光輝譚家楷均籍隸建始縣王澤選戶名王治平應完粮銀二錢二分七厘鄢光輝戶名鄢治炳應完粮銀一錢七分八厘又戶名鄢應舉應完粮銀二分九厘譚家楷戶名譚正朝應完粮銀五厘又戶名譚貴履應完粮銀三厘劉恕坦孟文翰孟煥然均充當該縣戶書道光二十五年四月劉恕坦等

因批解錢粮緊急將王澤選等未完粮銀盡完凑解挈券收存

十二月内王澤選鄗光輝譚家楷挼照市價將錢赴縣易銀完納

因户書劉恕坦等以盡完粮銀係該書等出利借盡向王澤選

等索謝取利欲每人與錢八十文因其不允僅給墨筆收條稱

俟酬謝付利再行給券彼此口角各散王澤選因粮銀已完未

獲印券遥忿起意上控以索謝取利事小欲告苛征重征易於

聳聽即揑戶書分甲立簿私征苛勒當止給與墨收復留劵重征控奉院批每銀一錢究竟收錢若干有無浮多詞內字有空補且無確切憑証批司飭府提究未結王澤選復起意京控與鄢光輝譚家楷商允照依原案作詞欲圖聳准架砌花戶完銀分厘戶書苛勒錢四百文花戶完銀一錢有零戶書苛勒錢八百文藉劉恕坦等寫給墨筆收條詭言戶書有先給墨票而後以紅

票重征亦有先給紅票而後又以紅票重征又藉劉恕坦等索
錢八十文之事詭言户書聲稱征錢四百文以八十文入己以
三百二十文歸官並添砌有假印税契等案浮詞揑稱劉恕坦
等於業户買田過户時勒令另立户册及孟文翰等畏究央請
劉道健等勸和各情又花户宋光德因銀價時有低昂完粮將
錢作銀數有參差恐户書藉此高抬銀價浮收私列生員何飛

熊名目赴施南府具呈請定完納錢價批縣查議未覆又向景
常因弟向錦良往尋經管戶書李炳春完糧不知如何跌傷身
死報縣驗詳死由自跌並訊據戶書李炳春供未與向錦良睜
面向景常控司批府提訊未結又花戶嚴有楠因欠糧銀二錢
九分三厘被催差唐懋德禀究嚴有楠隨即完糧掣券適戶書
李慎思裁券時悞將三聯券中註冊比銷之券帶出夾銷遺失

經嚴有楠拾獲赴縣呈繳指控戶書李慎思向景常重征被差
役楊世俸阻止遞詞互相爭鬧經縣集訊質訊未到以上各案
王澤選俱牽砌入詞又以傳鬧催差唐懋德因催粮與花戶周
良冠有爭鬧之事一併列入詞內並於詞首私添羅永學黃德
修名目獨自進京控奉
提督衙門送交

刑部訊供咨解回楚委提人卷至省報委卑府審辦遵即提集
訊卷前情究無别故查王澤選等京控劉恕坦等苛征重征並
未指定花戶確数亦未確指憑証訊因劉恕坦等墊完粮銀向
其索謝取利起見控非無因惟隨意架砌究屬失寔王澤選除
越訴擬笞輕罪不議外合依申訴不寔律杖一百聽從聯名京
控之鄢光輝譚家楷應於王澤選滿杖罪上減一等杖九十折

責發落戶書劉恕坦等以借墊粮銀曾經去利為詞輙向花戶王澤選等三人各需索錢八十文即與詐贓無異惟贓未接受自應量減問擬劉恕坦孟文翰孟煥然俱應照蠹役詐贓一兩以下杖一百例量減一等杖九十劉恕坦年逾七十照例收贖孟文翰孟煥然現未提到飭縣拘案照擬折責與劉恕坦一併革役收存王澤選等已完印券飭追給領嚴有楠因欠粮未完

被差稟究乃於完後拾獲聯三串內註册比銷之券即以重征
赴縣飾辯抵訟殊屬不合姑念現係瞽目照律無論宋光德赴
施南府具呈請定完粮錢價乃私列生員何飛熊姓名亦屬非
是應照不應輕律笞四十折責發落其請定完納錢價之案仍
由該府催縣查明議覆向景常呈控命案訊與劉恕坦無涉案
經由司批府提審仍飭該府就近提集案內被証訊明另結無

干省釋是否允協

公安縣毛業煜京控一案看語

審看得公安縣生員毛業煌京控族兄毛業森統搶穀石將伊妻子毆傷等情一案緣毛業煌係公安縣學文生因素習輕浮屢被族兄生員毛業森族長毛秀章規誡有嫌佃種有毛業森田畝每年應還租穀三石道光二十五年毛業煌欠租不還毛業森於是年八月將上年代毛業舉躭借毛業煌穀三石凴毛秀章向毛業舉扣還通知毛業煌作抵租穀毛業煌不依曾相

口角九月間毛業煋失去晒晾布鞋一雙嗣見毛業森所穿之鞋相似疑為買受窃贓復彼此爭論經族鄰以毛業煋冒認斥責又是年毛業煋之子從生員毛家悌讀書應還束脩錢二千文延至年底未送十二月二十五日晚毛家悌向索不給投知毛秀章往論與毛業煋爭鬧毛業煋之妻毛朱氏詈斥毛秀章多管閒事並以毛秀章之妻在家與人有姦何不自回管教之

言被罵當經隣人周德宣勸散毛秀章回家向妻毛劉氏述知毛劉氏因被污衊不甘於二十六日早前至毛業煜家尋毛朱氏追問姦私証據互罵揪毆跌地各相抓傷又經隣人伍傳道等將毛劉氏勸歸毛業煜誤聞傳言毛秀章等連日至家爭吵係毛業森主使觸嫌忿遂隱匿起衅寔情砌稱毛業森令毛秀章攔奪毛業奉穀石嗔伊追討復令毛秀章同毛家悌等至伊

家毀搶毆傷伊妻情詞控縣驗傷飭差王玉照等傳審毛業煜

旋又赴道具控批府提訊行縣傳解人証未到毛業煜復起意

京控隨照原控情節添砌毛業森㨿匪犯賭犯姦並因毛業森

等於二十六年正月因各被控尋伊理論指為疊至搶毆又圖

聳听捏稱縣差王玉照等㨿縣不究並牽列松滋縣民蘇其馨

控毛業森姦占另案自作呈詞進京赴

步軍統領衙門呈控送

刑部訊供咨解回楚行司委提人卷至省報委卑府審辦提訊毛業煌衣頂先行咨革提集人証訊悉前情究無別故此案毛業煌赴京妄控毛業森等搶谷毆傷以及豢匪姦賭各情或出有因或無指寔未便遽坐以誣告之罪惟所控究屬失寔自應按律問擬已革生員毛業煌除越訴輕罪不議外合依申訴不

寔者杖一百律杖一百已革去衣頂照例免其摃落毛朱氏毛
劉氏互相口角揪毆抓傷應各依手足毆人成傷律笞三十係
婦人照律收贖毛業森等訊無統搶毆毀各情事與訊被牽控
之差役均毋庸議毛業森被松滋縣民蘇其馨呈控姦占另案
發回荊州府就近查明飭縣另行詳辦無乎省釋是否允協理合解候
憲台審轉

開呈應山縣民吳特時京控吳大鴻一案看語

審看得應山縣民吳特時京控吳大鴻畜產硬繼賄差拖延等

情一案緣吳大鴻係吳特特無服族叔吳特時之堂叔吳庭光

先於道光八年病故遺妻楊氏僅生一女經其父吳希文擇立

吳大鴻之子吳安禄為孀媳楊氏嗣子維時吳特時之父吳榮

即吳雲以親疎爭繼控經縣斷聽其擇之賢愛仍令吳希文憑

族議立吳安禄為嗣孫並議以產歸嗣孫管業酌提錢五十串

分給孫女留為嫁資迨至道光十六年吳安祿病故遺妻高氏
亦止一女無人承祀吳特時因係親房欲將伊故弟吳介時次
子吳登科繼立高氏為嗣高氏與姑楊氏憎嫌吳登科不允有
吳大鴻之孫吳文謨為吳楊氏所親愛凴族議立吳文謨為孀
媳高氏嗣子曾有許俟將來身後分給親房吳特時等遺念賤
六七十串之語二十四年六月吳楊氏病故棺殮葬費無措吳

高氏商之吳大鴻滉同族長吳應洛等賣田四石二斗為吳楊氏喪塟花用後因姑葬無依商允吳大鴻央戚史國逵黃源茂相幫將家囊什物搬與吳大鴻同居藉資照應並將住屋捐為吳氏宗祠吳特特知其賣田遷居及捐屋作祠憶及吳楊氏當年曾經許分遺念錢文往向吳高氏索取未給適值家貧無力租屋棲身因吳高氏已將住屋捐作族祠即搬至祠宅暫住經

吳大鴻與族長吳應洛族衆吳楚寶等查知村斥不應搬居捐
祠互相口角吳特特疑是吳大鴻從中唆使心懷不服即以族
人吳家鴻等名目赴縣呈稱吳高氏夫故無子應之親房昭穆
相當之吳登科承祀復與弟吳彥時以吳大鴻刁唆吳高氏捲
物私逃逐嗣吞産等情控縣准理吳大鴻旋即赴縣呈訴並疑
族衆吳楚寶等赴縣呈明吳高氏夫故無嗣早經其姑吳楊氏

在日凴族擇立親愛昭穆倫序不失之吳文謨為吳高氏嗣子均經該縣飭差殷宏楊坤喚訊未到吳特時不候縣訊隨赴府控批縣訊詳吳特時見府未准提起意京控並因被族長吳應洛及族衆吳楚寶等村斥不甘翻起當年吳希文提分家貲酌給孫女錢五十串悮聽係欲撥給伊父以為遺念被吳應洛阻止改撥又以吳楚寶等在縣呈明伊隱匿吳高氏已立嗣子吳

文謨原委嗔為扛訟並因縣差未將吳大鴻拘案疑是吳大鴻
賄囑拖延又吳楚寶之弟吳山陽因控牽累曾與爭鬧即照在
縣府所控添砌情節自作呈詞進京赴
步軍統領衙門呈遞送
部訊供咨解回楚行司委提人卷來省報委卑府審辦茲訊據
供悉前情究詰不移現案吳特時京控吳大鴻等各情或事出

有因或空言牽砌雖非有心誣告究屬失實自應按律問擬吳
𫓧𫓧除越訴輕罪不議外合依申訴不實杖一百律杖一百折
責四十板發落吳大鴻訊無田産硬繼賄差延案情事應毋庸
議吳高氏夫故無子早經其姑吳楊氏憑族擇立吳文謨爲嗣
昭穆倫序不失相安已久並訊明吳文謨之生父吳華幗係吳
大鴻次子吳文謨並非吳華幗抱養義子應仍以吳文謨繼立

吳高氏為嗣承祧吳特時涉有訟嫌其侄吳登科不准議立吳楊氏生前既有酌給親房吳特時分遺念錢文之語訊之吳高氏亦愿遵姑遺言分給錢七十串文斷令吳高氏先給吳特時錢十串俟其搬出祠宅再給錢六十串永杜爭端無干省釋案經訊明未到人証免其提質以省拖累是否允協理合連人叅解候憲臺會核審轉

閧皇德安衛副丁楊大金之子楊作材京控乎蕭德意等侵吞帮貼等項銀錢一案

該武昌府知府劉　審看得德安衛副丁楊大金之子楊作材京控正丁蕭得意等侵用幫貼等項銀錢一案緣楊作材籍隸安陸縣係德安衛旂丁道光二十四年冬間該衛僉點蕭德意為正丁楊作材之父楊大金為副丁同押糧艘於二十五年出運蕭德意帶子蕭安仁隨同在船幫理運事副丁楊大金名下應出運費二百四十餘串延不全出又央蕭德意之父蕭世孝借朱尚才錢六十串亦拖欠未還蕭德意受累屢索懷嫌該船閘幫隨船所載土泥俱

係自帶自用並無脚力銀兩所有修垫船底倉槅变錢一百九十餘串係儘
数開銷沿途盤浅起撥之用亦無餘存迨至漕船抵通因船屆九運留通拆
变其船上篷桅錨纜繩索均歸船廠变價由衛追繳解道驗給該丁修船足
運因該丁楊大金完繳船價遲滯曾經由衛比追又該衛二十六船旂丁劉秀九
等公議凡船遇減歇之年可省運費即抽存該船所收軍戸租邦出運錢二百串
生息以裕漕幇公用禀經該衛詳明道府立案二十六年春間蕭德言恳與楊大

金船奉派減應抽出該船已收租帮錢二百串生息，楊大金違議不出，蕭德三恩被

伍長追索赴衛控經，飭差雷輔等喚訊，勒追楊大金之子楊作材，見父被控

心懷不服，起三恩京控，即以丐丁蕭德意與子蕭安仁侵吞二十四五两年一切帮貼

銀錢，掌握私賣漕船價銀，并以二十五年央蕭德意之父蕭世孝代借之錢

未用，指留借票不還，及旂丁辜行恕、何意成、何奎成、何陞榜、楊世宗等各收

軍戶租帮錢十餘串不等，又被漕船舵工王成彪折賣篷桅划梯等件，憶及

衙役雷輔等因蕭德意控案喚訊緊迫架砌該役等夥串丁書勝衙枷
責各情自作呈詞進京赴
提督衙門呈遞咨解回楚行司委提人卷至省報委卑府審辦正提訊
間據副丁楊大金赴案具呈代子首悔以該丁之子楊作材不知出運事理赴
京懇控各情失寔所有該丁出運應收一切幫貼銀錢均經該丁收用茲已憑
同伍長與正丁蕭德意清筭㝅尚有應歸蕭德意等銀錢均田自行清

理歸結等隨提集人証查訊各供前情如一究無串飾别情此案楊作材因
父被控不甘並不查明出運寔情輒行赴京架砌越控所控各情雖經其父楊
大金首悔例得免議仍應治以越訴之罪以示懲儆楊作材合依越訴笞五十
律笞五十折責二十板發落無干省釋未到人証免其提質以省拖累是否允協
理合連人卷解
詳候
憲台會核審轉再此案應以道光二十七年二月初六日諮衛賫解人卷到府

赳限卑府先於二月初三日赴堤督修至十五日回署除人証未到以前不計外

應扣公出十日又於十七日赴堤督修至二十七日回署計公出十一日又於三月初二日赴

堤督修至十四日回署計公出十三日又於十六日赴堤督修至二十六日回署計公

出十一日又於四月初一日赴堤督防至十二日回署計公出十二日除去公出日期扣至

六月初三日届滿委審例限合併聲明除將詳人卷解赴

藩憲並詳

糧憲外爲此

照詳

計申觧

荆州衛軍丁郭昌根京控黎金典等一案看語

審看得荆州衛屯丁郭昌垠等京控屯被水淹沙壓衛書黎金典等勒索措詳一案緣郭昌垠與陳士旻馮精一王傅璧劉正隆龔學泗俱係荆正衛軍丁同船共伍船名五姓公有額屯七千四十五畝三分六厘三毫共粮二百七十九石八斗三升三合七勺坐落松滋江陵公安等縣堤内地勢低窪道光十年起節次堤潰被水堤已隨時修築屯田最低之處尚有潰淹驟難

宣洩涸復稍高處所或被沙壓驟难開墾或人户逃亡荒蕪未
種道光二十三四五等年屯丁郭安雲郭安邦等迭次呈控荆
州道府飭衛會縣勘明彙案請緩征緩造因南省叹成豊稔征
漕足額奉飭不准藉詞緩造有悮全漕大局該衛仍令集費造
運屯丁張光榮等又以前情控奉
督憲發府行衛查辦郭昌垠央懇衛書黎金典衛差張際盛詳

請展緩不乞疑係索費指勒起意京控隨向陳士旻馮精一王
傳璧劉正隆龔學泗高允聯名自作呈詞控砌突經勘明被黎
金輿等勒索費資二百串方許申詳各情一人攜帶進京赴
都察院衙門投遞咨文
撫憲行奉報委前署府夏廷楨先提原告訊供詳經飭委升用
知縣王震長前往會勘值該衛鍾文模先已奉調赴岳州辦理新

漕〻時难以詣勘詳咨展限嗣鍾文模辦漕事竣回荆王震另
有差委改委候補知縣朱士杰會同該衛鍾脩暨松滋縣詣勘
得五姓公船屯田坐落松滋縣属龍華垸地方有被沙壓没田
三百一十三畝三分翻挖沙深四五七尺不等太平垸等處地
方有荒蕪田四千三百三十六畝三分五厘坐落江陵公安二
縣境内有被水漬淹田五百四十八畝三毫擦量水深二三四

五尺不等剩有成熟田一千八百四十七畝八分一厘俱已佈
種計被沙被漬淹荒蕪田畝應科糧一百九十八石一升九合
五抄二作成熟田畝應科糧八十一石八斗一升四合三勺四
抄八作就近傳集屯丁業戶親供結繪圖連人卷稟賫來省並
批該縣衛另詳各丁雖被淹貧疲第屯餉已屢經詳緩漕船亦
節年詳明展限緩造請隨時查勘情形如田仍淹沒沙壓寔係

难以集費再詳明緩征緩造以恤丁力若丁力稍舒仍令設法完餉成造等情夏廷楨已先卸事卑府隨提人証訊悉前情究明書役黎金典等並無勒索措詳情事此案鄭昌垠因屯田節被水淹沙壓欲畱展緩造運央衛書辦詳未允輒以索費措詳各情砌詞京控雖詞内只有向索空言未便坐以誣告究属申訴失寔自應照律問擬鄭昌垠合依軍民詞訟申訴不寔者杖

一百律杖一百折責發落陳士戛等侄只聽從郭昌根列名其
於詞內控砌各情訊不知悉應與訊未索費暨更名復充之書
役黎金典張際盛均毋庸議所有現被清淹沙壓荒蕪各田應
由該縣衛督率屯丁業戶赶緊設法認真疏消招徠開墾佈種
務令一律照額集費勸辦造運且節年詳辦緩征緩造已足体
恤丁艱未便任听藉口抗避惟此時勘明未種屯田計逾原額

三分之二該屯丁等再三籲求恩施調劑瞬届征粮集費之際若一律責令完納造運恐致掣肘運悞應請本年暫准緩減尉後由該衛隨時体察情形酌辦不得屡欲展緩其成熟屯田應完錢粮及造運事宜均仍各照章辦理毋許藉詞覬望是否

允協

荊門州革生張源栻唆訟擾害並張源栻之父張德培京控一案看語

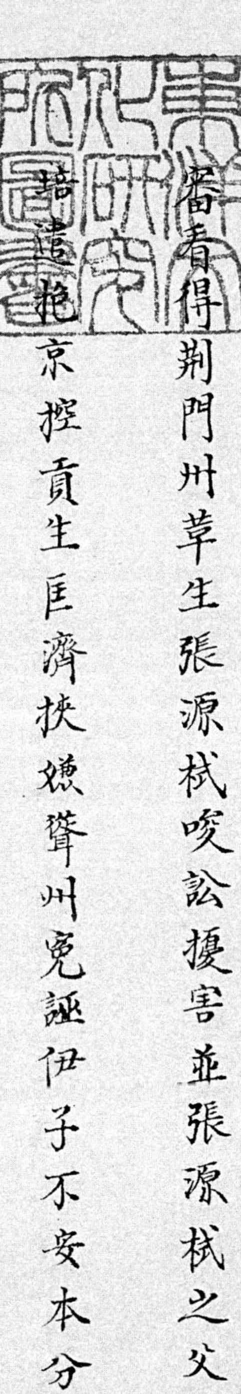

審看得荆門州革生張源栻唆訟擾害並張源栻之父生員張德培遣抱京控貢生匡濟挾嫌聳州冤誣伊子不安本分等情一案緣張源栻即張智貞籍隸荆門州道光十二年取入州學文生與貢生匡濟民人趙清安均素有嫌道光二十一年有孀婦劉張氏之子劉光輅捐監氏夫堂兄劉明綱等欲令祭祖立碑不允赴州控其異姓亂宗劉張氏亦即具訴均經差喚未到嗣劉明綱之子劉

光景赴劉張氏家借貸值劉張氏卧床劉光景潛至其媳劉曾氏
房内拏取衣服携走劉張氏向張源栻述知張源栻起意誣告劉
明綱縱姦佔產圖詐錢文隨代作詞狀揑砌縱姦佔產各情填劉
張氏之名令劉光輅作抱主使迭次控州並上赴
撫轅具控批委荆宜施道提審匡濟江襄灘往勸劉張氏息訟適
劉張氏慮審虛坐誣正擬自行首悔即遣劉光輅赴州呈明張源

栻聞知恐唆訟敗露中途將劉光輅攔轉藏匿數日放歸劉張氏

另央戚友張炳南等赴

道呈悔訊取供結詳銷因畏張源栻報復未將唆訟實情供吐張

源栻所作詞稿隨時銷燬又二十三年五月内有州民唐述寅籍

已賣田畝向夏添雲索加價值趙清安在旁聽聞勸夏添雲給錢六

百文未允唐述寅將夏添雲家牛隻牽走張源栻查知起意主使夏

夏添雲　誣告趙清安洩忿隨向夏添雲商允代作呈詞揑敘趙清安唆趕牛隻各情控州差喚旋又令夏添雲之子夏士明以前情控奉
撫憲批經該州集審唐述寅情虛規避趙清安愿代賠牛隻給夏添雲具領俟獲唐述寅追給取結詳奉批飭夏添雲未將張源栻唆訟情由供出其張源栻詞稿當即銷燬無存又二十五年四月初二日有州民牆起常之童養媳秦二喜因洗菜失足落水溺斃

檣起常信知秦上蘭前往看明殮埋張源栻查知起意圖詐檣起
常錢文隨向秦上蘭商允代作詞狀赴州控報秦二喜身死不明
並添砌檣起常逼兇毆斃各情用秦楊氏之名令秦上蘭作抱控奉
憲台批州確審秦楊氏查知赴州首悔畏張源栻報服亦未供出
唆訟情由經該州訊明取結具詳所有張源栻詞稿秦上蘭交與
檣起常收執秦上蘭遠貿摉檣起常現在呈出查核相符又二十

五年十月内有張源栻族人張自瀛之嫡弟婦張李氏無子難守自
愿改嫁經張自瀛信知氏兄李文彬等商允主婚再醮與江陵縣
人曾茂祖為妻未索財禮錢文李氏憎嫌曾茂祖家貧悍潑吵鬧
張源栻知李氏頗有前夫遺産改嫁後必歸張自瀛等得受心生
覬覦起意勾回李氏訛分産業隨將李氏接至其家告知前情許
以得産均分李氏欣然應允張源栻即代作詞狀控叙張自瀛圖

庠擒掾等情主令控州差拘先經該州儒學查知張源栻不守學規詳報註劣嗣該州郭牧訪聞張源栻迭次唆訟飭經儒學查開入學年分牒州詳革拏究出示召告劉張氏趙清安牆起常張自瀛各遵示赴州首告勒差齊審張源栻疑均係匡濟挾嫌主使遂架控劉張氏訟案匡濟主令劉光輅出錢一百二十千文私和該革生阻止匡濟啣恨慫州究詳究革各情並倒填年月假造書信一封

交劉光輅囑令作証一面控奉

學憲批行荊州府提審張源栻投到交保旋又潛回憶及張李氏

遺産未曽分得反被張自瀛以唆訟具控心懷不甘於二十六年

五月二十二日前至張自瀛家滋鬧復於是月二十八日帶領婦

女並邀同不知情之梁升玉前往自將張自瀛家門扇什物毀碎

梁升玉畏懼先回張自瀛之妻張龔氏護阻被張源栻拳傷其右

臂膊左肩甲左肐肘時觀看人衆不知何人乘間取去張自瀛家衣物經賈秀興等勸散張自瀛控經該州郭牧委建陽巡檢會營勘驗詳覆張源栻仍潛赴荊州府投到該府因人証不齊詳明押發回州交差看管聽審看役蕭連丁元向索飯食錢文張源栻信知其父張德培給每人飯食錢各三千五百文另案同押之李太安鄧繼先金呂兒均經目擊該州郭牧提訊張源栻供詞狡展並混稱

郭牧係聽匡濟讒言寃害郭牧恐由州審辦為其藉口朧列召告各案通詳請示奉提人卷來省報委前署府夏廷楨審辦此張源栻迭次唆訟擾害之實在情事也貢生匡濟即匡正華先於道光十年七月内為其母舅江啟玉在州指控頂撞繼母匡江氏該前州飭差集証訊明匡濟並未向繼母頂撞係江啟玉誤聞致控取結銷案又是年十月内匡濟隨同戚友赴倉完粮該前州宋牧恐

開復

係匡濟包攬代納詳請暫革匡濟衣頂隨經訊明並非包攬詳請又十五年閏六月內州民李定安疑匡濟代蔣秉忠投稅田契挪用錢文赴州具控正集訊間李定安查明所控不實托馬星階等具詞請息批准銷案又是年十二月內匡濟風聞文童張定武曾於文場舞弊後復更名混考赴州具呈隨查明張定武並無舞弊混考之事呈經該前州訊明取結完案又十七年九月內有該州

草生楊楚英上控何成垣等身家不清該州訓導鮮于之譜受賄
收考並謀娶孀婦楊鄭氏為妾鮮于之譜疑係匡濟唆使楊楚英
出控稟奉提省審明匡濟並未唆訟將楊楚英照以姦贓情事污
人名節例擬軍鮮于之譜草職議擬詳奉咨准
部覆又二十年二月内匡濟查有文生李國祿先曾許捐田畝作
文廟歲修後復悔捐稟學詳州喚追並據李國祿赴州具訴該州差集

人証未到致未訊斷又二十四年九月内有民婦李趙氏赴
督轅呈控任敬敷謀買伊田匡濟串同索詐批行安襄鄖荆道提
齊人証訊係氏子李潮臣曾將田畝典給任正福耕種嗣任正福
身故其子任敬敷將田轉典李趙氏査知具控審明匡濟並未串詐
斷令李趙氏自備原得典價向任敬敷贖田取結議擬詳銷又二
十六年七月内州民呂雲樵赴州呈控匡濟侵呑鄧玉衡樂輸錢

壹百五十千文經該州郭牧查無其事批駁張源栻之父張德培

抄録匡濟以工控案兩次遣抱控奉

撫憲行府確審夏守查提張德培年老病重不能取供交江夏縣

保調無效於道光二十六年十月二十四日身故張源栻知無別

故結求免驗該縣訊供通詳批飭歸案議擬張德培未經到省之

先作詞列叙匡濟等案款遣抱張瑞進京在

提督衙門具控送

刑部訊供咨解張瑞回楚文

撫憲行司檄府歸案併辦夏守提訊抱告供情詳請續提人卷未

到旋即卸事卑府到任正提審間張源栻復代張李氏作詞主令

上赴

撫轅續控批府確訊卑府送次提訊供情各執因查京控原告張

德培病故在未奉行知之先所控各欵詰問抱告全不知悉質之

匡濟俱不承認而張源栻又以伊父如何京控堅稱不知自應逐

欵由州確切查覈摘傳要證解省方可質明定讞隨詳奉行知飭

據該州郭牧詳牧詳稱該牧並未與匡濟往來任其出入衙門戶

書詹南洲因案提省審結革役並未復充其子詹星臣入卯辦事

在詹南洲未革以前無須頂李鴻漸卯名辦事錢糧儘征儘解倉

谷寔貯無虧捐輸海疆經費該牧自行經理匡濟未曾派司總局

調查緩征簿串已完急公銀米全行報解未完者寔欠在民户書

並未一概征收濇矹輝欠繳折封銀兩曾禀明前藩司勒限比繳

訊取戴正明姚子寬等各供詳奉行知下府並據委員候補州慶

牧會同現署荆門州宋牧覆加詳查無異傳同人証批解飭發前

來畢府提集研訊按各供悉前情恐張源械唆訟擾害不止此數

其於伊父張德培架詞京控亦未必全不知情復再三究結堅執
不移張源栻詞稿雖未遂一起獲惟衆供已屬確鑿且本年張李
氏上控呈詞張源栻曾經當堂全行默出其為積慣訟棍毫無疑
義此案張源栻挾嫌圖詐迭次代人控寫詞狀（主使）誣控拖累多人聽
唆之人各畏其報復未敢先行指告並因未能遂欲兩次至張自
瀛家肆行吵鬧毀毆寔屬情兇勢惡生事擾害自應按例問擬張

源栻即張智貞合依兇惡棍徒屢次生事行兇無故擾害良人人
所共知確有寔據者發極邊足四千里安置例發極邊足四千里
充軍面刺烟瘴改發四字到配杖一百折責安置張德培京控各
款經荊門州查明均屬虛誣罪有應得年逾八十且已病故應與
听從雇主之命作抱京控不知情之張瑞暨訊無凌虐之保戶俱
毋庸議張李氏听從張源栻誣告夫兄張自瀛圖産搶傢如所告

得寔張自瀛應照孀婦自愿守志夫家搶奪强嫁以致被污者功
服尊長杖八十徒二年今審屬虛誣照律反坐張李氏合依誣告
人徒罪加所誣罪三等律於張源栻主令誣告張自瀛杖八十徒
二年罪上加三等杖一百流二千里爲從減一等例杖一百徒三
年係婦女照律收贖該氏業已自愿改嫁與曾茂祖成婚不便斷
回前夫之家守節第曾茂祖又以該氏經年在外听唆好訟情愿

離異自應交其母家親屬領回听其自便差役蕭連丁元各自起意向張源栻索得飯食錢三千五百文應各科各罪蕭連丁元均合依蠹役索詐貧民計贓一兩至五兩杖一百枷號一個月例各杖一百枷號一個月蕭連在押病故應與訊無凌虐之看役均無庸議丁元枷號一個月滿日折責四十板照例刺字草役秦上蘭听唆誣告已據伊母秦楊氏呈悔情同自首惟牆起常於伊媳秦二喜失足溺斃並不報官相驗輒即殮埋應照

地界内有死人不報官司檢驗而輙埋藏者杖八十例杖八十折責發落

梁升玉听從張源栻往張自瀛家未隨同打鬧畏惧先回尚無不合應

毋庸議劉張氏劉光輅控案早奉判宜施道審結其听唆一層先雖未曾供

明旋即遵示首告張龔氏傷已平復亦俱毋庸議張源栻所毀

張自瀛門扇什物飭令賠償其張自瀛家失去衣物同牽赶夏添

雲家牛隻之唐述寅八另行查緝究追餘屬無干概行省釋曾茂祖

當堂呈出婚書塗銷張源栻所録詞稿同牆起常呈繳詞稿案結
一併附卷未到人證免其再提以省拖累貢生匡濟雖批該州查
無劣跡惟既控案纍纍恐尚有不寔不盡除已結案不計外未結
各案應請飭州分別提集人證質明虛寔另辦是否允協理合觧候
審台審轉

孝感縣民周室輔一案看語

審看得孝感縣民周室輔京控伊子周樹棠因赴台子廟撞見衆僧窩藏婦女被謀斃棄屍等情一案緣周室輔於道光二十四年十月十二日因母病遣子周樹棠往青山頂廟進香許願未回找尋無踪至十一月初五日在周家塘内尋獲屍身查看有傷當時將屍殮埋拟俟訪得兇証報官二十五年三月間周室輔路遇保正徐長健及其族兄徐長太向告伊子身死情由

託查正兇走散徐長太因周樹棠係赴廟許願未回身死與廟
僧事有干涉青山各廟惟台子廟最富起意商同徐長健誣賴
廟僧謀斃棄屍嚇詐錢文並知另在青山北廟幫工之魯觀明
騃愚計令忘認若屍作証於是月二十五日往向素好之劉坤
第告知許得錢均分央允相幫做事令將魯觀明邀至家內告以
寔情留其在家等候徐長太即同徐長健劉坤弟前詣台子廟

先向眾僧以周樹棠至廟燒香受傷身死屍棄周家塘內現經
屍親查獲屍身欲行控究必須妥頓之言試探當被僧書九等
識破奸謀邀同在廟閑坐之潘秩敖劉朝萬斥逐徐長太等出
廟並稱欲先稟官劉坤第悔懼逃避徐長太被斥逐不甘復與
徐長健相商誆使周室輔捏告伊子係被廟僧謀斃傾棺泄忿
並因曾向張紹修借錢未允與張紹修及其堂兄張洸漢張洸

楚口角有嫌圖併牽累回向魯覌明告令以先聞周樹棠往青山頂庙燒香各處遊行至台子庙撞見僧曺九僧小張即張宏李和尚即僧正荣蕭和尚即僧恒金與張洸漢之妻張紹修之媳張洸楚之女同飲向斥被僧曺九等打傷勒死屍藏地窖旋於十一月初四日僧曺九令潘秩敖喚其與劉朝萬抬送屍身至塘拋棄情詞同往向周室輔述告到官亦即照供並向嚇稱

如敢吐露別情定與不依魯觀明畏兇應允即與徐長健隨同
徐長太至周室輔家徐長太向周室輔誆稱查得周樹棠係被
合子廟僧人謀斃現憑劉坤第找獲拾屍之魯觀明可以證實
具報喝令於到官供伊查出致結怨受累周室輔詢之魯觀明
如徐長太教言以對徐長健亦從旁贊言周室輔信以為實隨
於二十七日邀徐長健帶同魯觀明報縣僧曹九等聞知畏累

暫避徐長太又拔向幼僧僧青僧啟嚇称本縣傳問須俟曾見
周樹棠被僧會九華致死否則要受刑責僧青華無知聽允嗣
該縣赴廟查勘喚帶僧青華回署提同會覌明訊問均照徐長
太所教言詞混供旋获僧會九僧小張李和尚蕭和尚並潘秩
敖劉朝萬到案質訊僉供並無謀斃周樹棠及抬屍棄塘之事
會覌明僧青華亦各翻供稱無其情惟惧徐長太刁惡未將教

供情由吐露經該縣詳報批飭檢審隨拠僧授福等以周樹棠
身死與廟僧無涉被徐長太等仇串誣僧謀斃並周室輔復以
前情添砌僧賄書差張品金等教供不認先後赴府暨
各憲轅呈控又拠魯覌明之堂兄魯覌斗以魯覌明係被術作
証並張紹修等户族張李玉等以被誣婦女名節赴府暨
憲轅具呈批行飭究拠該縣禀府飭委黄陂縣會同檢明周樹

棠屍骨寔係受傷身死塡格通詳批府會審供認各執屢提應
質人証未齊致未審明詳辦周室輔因痛子情切起意京控即
照歷控情節自作呈詞進京赴
都察院具控訊供咨解回楚行司委提人卷至省報明飭委卑府
審辦魯覌斗僧青各在保病故提訊徐長太供認前情詰究寔
不知周樹棠係在何處被何人因何致斃該犯徐長〃太旋亦在

押病故均批江夏縣驗詳正具詳間李和尚即僧正崇劉坤等
先後在保病故又批江夏縣驗詳前來此案周室輔之子周樹
棠赴廟燒香不知在何處被何人因何致傷斃命徐長太藉向
廟僧圖詐未遂揑詞串証誆信周室輔以周樹棠被謀斃棄屍
呈告與自行誣告無異現經訊屬全虛並批周室輔供明查寔
廟僧委無致斃伊子之事應即按律定擬徐長太合依誣告人

死罪未决杖一百流三千里加徒役三年律杖一百流三千里

加徒役三年

業已在押病故應毋庸議徐長健承充保正係在官人役乃因

夥詐未遂輙復隨同誣証教誘周室輔誣告梗累無辜殊屬刁

健自應量予加等問擬徐長健應於誣告為從減一等杖一百

擬徒四年罪上加一等杖一百流二千里雖年已七十不准收

贖解配折責安置俾示懲儆劉坤弟僅止听從圖詐一經廟僧

稱欲禀官即悔懼逃避並未隨同誣使妄控未便併科誣告為
從之罪應照不應重律杖八十加枷號一個月滿日折責發落
魯观明聽從誣証旋即翻供並經其大功堂兄魯观斗為之呈
首應依律免罪僧青僧啓年俱幼小經該縣傳訊妄誣供証係
由徐長太嚇唬所致旋亦均即翻異僧青業已病故僧啟並免
置議周室輔控告伊子被僧曺九菁謀斃訊係一時聽信徐長

太爷之言懷疑誤控並未之情通同捏誣惟不察虛寔並飭指
書差賄弊究房不合應照申訴不寔杖一百律杖一百折責發
落僧曹九爷訊無窩藏婦女及謀斃周樹棠情事應與被誣拾
屍之潘秩敖劉朝萬並被飭告之書差張全品等均毋庸議徐
長太在押僧青魯覌斗李和尚劉坤苐在保病故看役保戶訊
無凌虐情弊亦毋庸議毋干省釋致死周樹棠正兇飭縣另緝

究办，並將承緝戢名開報，詳叅是否先協理合，解候

憲台審轉。

開呈德安衛軍丁張幗印等京控孝感縣民戶徐宗盛等覇抗應攤公費一案

詳武昌府知府劉　審看得德安衛軍丁張幗印等京控孝感縣民户徐宗盛等抗霸應攤公項等情一案緣德安衛之將殷旂屯坐孝感縣與胡清旂阮大旂袁勝旂吴恭旂共五旂承頂漕船一支有運田十五石三斗張幗印楊德灉均係將殷旂戶下軍丁民人徐宗盛徐宗寬張大義張學純等各頂種將殷旂屯産歷係按粮出費勷帮造運每年運費除收濟運公田租穀變價不敷外各旂照粮攤派湊足六百千文交僉丁辦運大造年分除領款同軍復派朋造錢八百千文詳船向係長運道光三年改為五旂輪運

每旂各輪管二年蔣飯旂楊學瀛列為首運周四旂列為末運嗣届十三年大造該
衛簽楊學瀛為正丁楊學瀛患病令其姪楊德成代辦楊德滙張幗印等各出一造一運
幇費錢五百千文二十一年楊學廣以首運總届十年大造之期各旂幇費难收殊形賠
累令楊德成迭次控道飭衛集訊並赴京控奉
提督衙門咨行委前升府周守審辦擬五旂軍丁公議五旂共額粮三百二十九石
零内蔣飯旂額粮一百四石零阮大旂額粮九十五石零為最多按總共粮數核計

十年内蔣殷沅大二幫各承運三次百年内各承造三次並將蔣殷幫四石有零之粮

撥補沅大幫各成百石之數與胡清袁勝吳恭三幫編依次序管領造運不准前後

紊亂祖幫錢文各收各幫備辦本幫運務朋造錢文亦按向例照數起派船支俟十

年滿料始准變賣船價着輪末運之丁帶歸湊造新船毋許預先私賣等因詳

奉咨准

部覆楊秀之户先有運田五石五斗道光二十年同族續捐公田二十七石劉懷盛名

下應存本所運穀租帮钱八十五千文張惘訓名下應存本所運穀租帮钱一百八千文楊學賡當正丁時應存本户運穀租帮钱五百千文有魏泰来曾向楊學賡借钱貿易虧欠無償楊學賡控經漢陽府批行孝感縣查追魏泰来将市房一所抵算楊學賡隨於二十三年病故楊德滏因阮大所董伏三之船輪至二十五年滿、運二十六年應之将船所接頂疑楊學賡借給魏泰来之钱即係所存運穀租帮钱文應将抵算一項提出歸公濟運預赴德安衛呈控楊學賡之妻楊吳氏亦遣丁萬國作抱赴德安府具訴批行縣衛傳解審追二十五年冬該衛胡偹飭撥屯頭殷世杰舉報楊德灉僉充正丁張幗印僉充副丁接運董伏三漕船傳案取具認狀張幗印等清收運田公租僅得穀五十石變價錢九十千文不敷辦運照例按粮派幫斗粮派錢五百零五文始足六百千常幫之數湊濟運務當稟衛出示曉諭僉差張林劉榮徐芬高元陳智鄭安協催張幗印等許送張林等每人飯食錢各五千文張林等因頭船開銷赴北費用需錢九十千文令其一併措交張幗印等

正值缺乏之假立王得勝店號開寫兑票共載錢一百二十千文交張林等存候按期

取兑徐宗盛徐宗寬張大義張學純等共應繳派幫錢二百四十餘千各因歲

歉家貧屢催延未措交劉懷盛張幗訓各應存運租變價亦未清交張幗

印等湊用張幗印等辦公掣肘歷控縣衛府道院各衙門飭批孝感縣拘

獲徐宗寬等解經該衛提同張幗印等查訊各執一詞徐宗寬等旋因農忙

先回又二十四年漕船回空歸次輪流大旂成造出廠正丁董元佐回家催費托

頭船伍長劉秀九代爲照料劉秀九私自將船押與振興廠得銀一百二十兩
董元佐另在天津道庫借銀六十三兩湊用奉本省糧道憲扣收張幗印等應
領二十六年幫津銀六十三兩張幗印楊德滙風閑船係董元佐私賣得錢三百千串
或云得銀三百兩劉秀九又復轉賣振興廠得銀五百二十兩以事關違章賣船
不敢徇隱具詞控請確查究追張幗印並恐造運賠累起意京控將本省歷
控情節併敘作詞誤疑張大義等潛回係賄丁役私放張林等所云頭船需

用之錢係藉名勒索同所得飯食錢文併數寫入詞內盜列揚秀七之名

人赴京控奉

提督衙門送

刑部訊供咨解回楚交

撫憲行奉　會同報明委經前署府夏守提訊張幗印供情詳請委員往

提人證夏守旋即卸事　卑

府到任提孝感縣賈解人證來省飭發下府並

批德安衛經解人卷到府又批屯頭殷世杰殷世選等自行投告前來隨核卷

提訊據各供悉前情此案德安衛軍丁張慖印京控抗公盗賣得賄索費各

情或出懷疑或出有因究未盡實自應照律問擬張慖印除越訴輕罪不擬

外合依軍民詞訟申訴不實者杖一百律杖一百折責四十板楊秀七郎正丁楊德

滏僅在本省與張慖印聯名呈告其張慖印砌詞盗列伊名京控訊不知情

應毋庸議衛役張林等奉票協催租帮得受楊德滏等飯食錢各五千文

合庫平紋銀五兩雖非恐嚇索詐究屬不合並無首從之分應各科各罪除所索
頭船需用北費錢九十千現據屯頭殷世杰供明業已轉交頭船開銷並非該
役等指詐外張林劉榮徐芬高元陳智鄭安均比依蠹役詐贓一兩至五兩杖
一百枷號一個月例應杖一百枷號一個月劉榮等均未到案飭衛拘提枷責
張林照擬枷號滿日折責四十板與劉榮等一並革役徐宗盛徐宗寬張大義
張學純所欠祖邦錢文訊因歲歉家貧並非有心霸抗情尚可原現據屯頭殷

世杰等籌議將般折十年之內應承運三次自道光二十六年至三十六年每次每
斗粮減派錢三百文除上次徐宗盛等未出幫費本年照減派之數交清還款
外下兩次亦照此按數按年措交嗣後輪運年分先儘公田租穀變價使用如果
不敷方核寔攤派運丁不得虛浮衆戶不得抗欠所議甚屬公允兩造俱愿應
令徐宗盛等同未到各欠戶依次如數清完不許藉詞拖延致累運丁劉秀
九私押漕船業已開控自行備價贖回免其置議劉懷盛張幗訓及楊學薦

名下各應存公租錢文即由屯頭會同清算應歸公者歸公應扣除者扣除毋

再糾纏滋訟董元佐在天津借用庫欵銀六十三兩已奉道扣收楊德滏等應

領二十六年帮津銀六十三兩除楊德滏原欠董元佐錢一百千董元佐原欠劉秀

九錢一百千互相劃抵外算明董元佐尚應找楊德滏錢三十千文亦飭找還各清

各欵嗣後公田租穀務以公濟公不准藉端滋弊無干省釋未到人証免予再

提以省拖累是否允協謹將訊擬緣由連人卷詳解候

憲台會核審轉再此案應以道光二十七年正月二十五日奉發人卷到府起限承
審卑府先於正月二十日赴堤督修至二十九日回署除人証未到以前不計外應扣
公出五日又於二月初三日赴堤督修至十五日回署計公出十三日又於十七日赴堤督
修至二十七日回署計公出十一日除去公出日期扣至四月二十三日屆滿兩個月委
審例限合併聲明除將人卷解赴
臬
藩憲外為此
糧

照詳

計申觧

汚陽州民人王以修遣抱京控一案

審看得沔陽州民人王以修遣抱京控汪慶家索欠串逼伊姑母汪王氏縊斃並亂倫誘姦姪媳捏控州賄通不究等情一案緣王以修籍隸沔陽州伊堂姑母汪王氏係汪慶家已故堂叔汪端一之妻素有痰疾時發時愈居常每以病累自怨屢經其子汪斐章勸慰汪端一在日欠有孀居弟婦汪李氏債項汪李氏於汪端一故後凴汪慶家之父汪泰革並汪泰萬同向汪王氏

汪莫汪王氏愿將田地作價歸楚並未爭較道光二十二年正
月内汪王氏痰病復發醫治無效於是月二十四日夜乘間自
縊身死汪斐章不忍母屍暴露棺殮安埋王以修誤聞汪春芊
汪春萬曾黟汪李氏索討汪王氏欠項疑汪王氏被逼縊斃稟
經州同牒州後有汪王氏母家夫家族人王維綸王維新汪瑞
家各赴州呈控並批汪春芊并具訴喚訊未到嗣經戚鄰謝藍

田即謝蘭亭等查明請息該州王毓濂批駁未准遵又有汪姓族人汪法家外貿甫歸未查處寔亦赴州續控催集人証質究王以修旋慮坐誣邀同王維綸王惟新汪瑞家汪法家聯名呈悔該州傳訊王以修情虛央袁振春頂名出堂未允喝王惟新一人投到具結完案王維綸與王惟新又各赴漢陽府翻控飭究押發王維綸回州王毓濂卸事經接署州呂錫麟提訊王維

綸供因懷疑未釋翻控不愿再訟取結責釋詳覆王以修涉訟
兆費欠債無償計向汪慶家索借料難遂欲起意尋衅誣詐有
汪慶家之堂姪汪宣振幼訂朱劉氏之女朱女為妻過門童養
完婚後於道光十八二十一等年朱女汪宣振先後物故遺有子
女汪慶家為之照顧衣食王以修藉此造言朱女十四歲時被
汪慶家誘姦許提拔賙濟後因人亡食言朱劉氏凴張人烈寫

字投伊同共籌處汪慶家出錢了事並稱朱劉氏張人烈共汪
慶家有往來説事信字假捏各字批存執指作汪慶家因命案
挾仇今串朱劉氏等逼索字批藉泯迹生端於二十五年八月
内具詞控州冀以姦無對証使汪慶家畏事以財求和汪慶家
張人烈朱劉氏各隨赴州呈訴時署州呂錫麟已先卸事王毓
濂回任飭差王升楊忠余太鄧升喚訊王以修至認識之州書

金名揚家寓住金名揚詢悉控情斥其不應污人名節並辭令
另寓王以修懼罪具結首悔王婉濂值又卸事接署州姜國祺
飭王以修當堂呈出字址查閱詞語含混無姓名事跡可稽因
人証不齊未及訊辦王婉濂回任汪慶家被証不甘遣抱控經
府司批州集証訊明將王以修收禁通詳王以修懷恨計圖拖
累滅忿復捏金名揚為汪慶家倩監生李維新閱通並表振春

與汪泰萬之子汪堯揮盜名呈悔命案汪慶家亂倫脫罪仗訟師郭咸寅包案翻控州訊袒寃等詞遣子王朝泰作抱赴府司暨撫院具控批行飭究王以修見未准提又起意京控隨照原控情節添捏汪慶家閔通王牧敍銀七百兩全名揚同袁振春駝銀交付門丁李四又兩次出錢共一百串買差王升等將伊捉鎖將在路拾獲汪慶家失遺王農茂錢店換錢賬单指作賍據

並砌指金名楊主訟營幹各情作就呈詞遣子王期泰作抱進
京赴
都察院具控訊供咨解回楚交
撫憲行奉報明委經歷府提抱告訊供詳蒙委提人卷來省飭
發訊雜批各供悉前情無異此案王以修於汪王氏因病縊斃
誤縊控州訊結復圖詐造言汪慶家誘姦姪媳假捏字批妄控

誣醆經州究明照例詳辦輙又砌情誣指知州受賄七百兩羅
織多人遣抱京控寔屬刁狡所誣均係重情自應照例問擬王
以修合依舊越赴京告重事不寔并全誣十人以上者發邊遠
充軍例發邊遠充軍到配杖一百折責安置王期泰听從父命
作抱赴京具控業已坐罪其父應免置議王維綸王維新汪瑞
家汪法家係汪王氏母夫兩家疎遠族人於汪王氏因病縊死

妄指汪春華等索丈逼縊旁出控訟殊屬不合惟已於未審之先聯名呈悔情同自首汪瑞家汪法家未再出控均請免議王維綸王維新復經赴府翻告王維綸曾已由州責懲免其從科王惟新應照不應重律杖八十栒棠折責發落汪王氏因病短見自縊與人無尤汪斐章不忍母屍暴露私埋未報事犯到官在道光二十五年五月二十四日清刑

恩旨以前應予寬免汪慶家訊無逼命誘姦各情事應與訊未得賍
之州差及被牽誣之金名揚均毋庸議王以修詞列鄧華言訟
事係鄧華言與汪泰萬另因賬項口角喊稟州同牒州已經訊
結與本案無涉亦毋庸議無干省釋是否允協理合解候
憲台會核審轉

江西高安縣民羅祥瑞京控伊姪羅幅泫一案看語

審看得恩施縣客民羅祥瑞京控伊姪羅幅汰霸産兇毆等情一案緣羅祥瑞即羅允細籍隸江西高安縣弟兄有四長羅開瑞即羅允尚次羅允和四羅允守羅祥瑞第三羅幅汰羅幅鎧係羅開瑞之子羅開瑞於乾隆五十七年偕弟羅祥瑞至湖北恩施縣開設永順店售賣官鹽羅允和羅允守已在原籍分居恩施鹽店即僱羅開瑞羅祥瑞二人私業貿易獲利

積有銀錢，羅開瑞因父母俱在原籍，令羅祥瑞携貲回籍養親，就近置買田產。嘉慶二十五年，將原籍田產作爲兩股均分，憑族戚書立分關，各執一紙。分關内載明付羅開瑞妻女奩用錢一千串，羅祥瑞原籍造屋銀一千兩，均在恩施縣永順店内提取。其有店置貲產，仍屬兩人公共，由羅開瑞經理。道光三年，羅祥瑞赴店清算帳務，與羅開瑞爭分貲產，控縣經劉賢珍等調處，照帳核算店本

約有錢六千餘串除應劃出羅開瑞妻女奩用錢一千串羅祥瑞原
籍造屋銀一千兩外餘錢約四千串公議羅開瑞羅祥瑞各得
錢二千串羅祥瑞不諳貿易令羅開瑞找給錢二千串店歸伊
一人承受書立分關併約互相交執造屋銀兩俟羅祥瑞興工時
再向店中支取羅開瑞當付羅祥瑞錢一千二百串下欠錢八百
串言明俟羅祥瑞取到原籍羅開瑞立分契約再行找足

嗣羅祥瑞將約取到交收羅開瑞僅找給錢二百五十串餘錢五百五十串推延未找二十二年羅祥瑞復來恩施催索時羅開瑞因年老未管店事其子羅幅汰守以無錢央緩致相爭論羅祥瑞情急控縣飭差譚明等喚追羅開瑞投供錢已付清該前署縣李景頤斷令羅開瑞念手足之情無論前項已否交清酌給羅祥瑞錢五百五十串並將羅幅汰交差譚明帶候繳錢

給領完案羅開瑞旋以偏斷等情先後赴施南府暨
藩轅呈控羅祥瑞亦以違斷赴府司互控批經該縣録詳飭速照
斷追給羅幅沐旋即因病保釋羅祥瑞因羅開瑞羅幅沐延未遵斷繳錢又控經
藩憲批府親提未到嗣羅開瑞病故羅祥瑞慮及錢無着落起
意尋控因羅允仲曾斥其不必興訟口角爭鬧係羅添橋勸走遂捏爲
羅幅沐賄買赴殺並以羅幅沐夫縱爭論捏爲被毆受傷添砌縣差譚明

串逃打點各情自作呈詞疏填曾在撫院衙門具呈進京赴

提督衙門呈控送

刑部訊供咨解回楚行奉會同委提人卷至省提明飭委甲府

審辦遵提人証訊悉前情究詰不移案無遁飾此案羅祥瑞原

控伊姪羅幅汰吞産拳毆及差役串逃各情或事出有因或未

確切指寔無憑反坐惟控詞究屬失實羅祥瑞即羅允細除

越訴輕罪不議外，合依申訴不實者杖一百律杖一百。年逾七十，照律
收贖。羅開瑞於應找給羅祥瑞錢文延不找給，追經縣訊定斷，
仍復抗不呈繳，本有不合，業已病故，應免置議。羅幅汰未繳錢文
係聽從父命，應與其弟羅幅塏及訊屬無干之吳添橋等俱毋庸
議。該前縣李令原斷錢五百五十串，同居內撥存羅祥瑞原籍
造屋銀一千兩，均應着落羅幅汰等措繳給羅祥瑞具領。惟現

批羅幅汰堅供近年生意清淡力难照数設措即羅祥瑞亦称
羅幅汰所供係属真情求為酌中公断，平府衙情酌定断令羅
幅汰共給羅祥瑞錢八百串，羅幅汰不得再行拖延，羅祥瑞亦
不得再事訐訟，兩造俱已輸服具結，應飭遵断繳領取結完
案，無干省釋，是否允協，理合詳候
憲台會核審轉

開呈荊門州監生萬先福等遣抱京控粮書潘文焯等浮收勒折一案

審看得荆門州監生萬先福等匙抱京控粮書潘文墀等浮

收勒折並究出革生吕雲樵挾嫌唆訟一案緣萬先福吕雲樵

潘文墀均籍隸荆門州萬先福於道光二年在本省捐納監生

吕雲樵先經考入州學文生嘉慶二十三年因另案斥革潘文

墀嘉慶十六七年間曾充該州粮書退卯之後已閱三十餘年

道光二十二年潘文墀捐置州屬義學田房用銀九百三十兩稟

經該州會同教官督率衿耆勘明查寔詳奉
題准咨
部議給八品頂帶潘文墀之堂姪潘毓輝現充州粮書典草生
呂雲樵挾有夙嫌道光二十五年該州櫃書張維清因欠繳
折封銀兩被州押追張維清之母張李氏疑是經書潘毓輝
稟官追繳即以潘毓輝私征侵虧控奉

前藩憲札委試用知縣吳輝珇赴州盤查庫項無虧所有該州節年征收緩征項下銀米均經隨時批解清楚核與征數相符會州稟覆完案又該州郭牧於奉文查辦道光二十年以前諮免防俻經書改易征冊年分弊混征收即檢齊州屬各圖應諮征冊差傳書店切紙之李文魁等進署將冊裁角以別二十年以後應征之冊原為預杜私征起見呂雲樵疑是糧書潘毓輝串通收書

鄭啓榮等舞弊稔知素好之萬先福户内有應完銀米其
祖輩萬世印當年因抗糧毆官案内正法與州糧書結有世
仇道光十七年萬先福與王乾一等曾經上控州書潘玉林王
貴珍等勒折浮收有案即藉糧書潘毓輝有被控私征侵
虧之案又聞州署有裁冊之舉起意唆訟洩忿訛錢即唆使
萬先福與王乾一出名京控糧書潘毓輝浮收勒折以為挾

制圖與萬先福等將來攬納花户賦米獲利均分萬先福等貪利允從呂雲樵隨代作呈詞捏稱潘文墀幹充糧總授意收書鄭啓榮等收糧不用斛斗估量倍收每銀一兩勒折錢三四千每糧一斗勒折錢四五千並架砌潘毓輝私征豁免銀米侵虧觧欵弊裁征冊鋪張州民何克仁等昔年已結各另案為証因潘毓輝族人潘炳化前充糧書悞公革點指係潘毓

輝改名縢充並因潘毓輝之祖潘佐即潘甫廷曾充州役即指

潘文墀係潘毓輝之父不應以快役之子浮報捐項議叙六品

頂帶玷辱名教一併牽砌入詞交與萬先福令雇工鍾會東作

抱進京赴

提督衙門呈遞咨解回楚行司委提人卷至省報委畢　府審辦呂

雲樵復代萬先福作詞赴

憲
撫轅投到聲稱同赴京控之王乾一已在家病故蒙將萬先福押
發到府提訊萬先福供情與爍與京控原呈不符究出呂雲樵
挾嫌起意唆訟萬先福聽從遣抱京控由卑府飭差在省就近
訪獲呂雲樵到案集証訊悉前情再三究詰矢口不移案無
遁飾萬先福於取供後在保病故據江夏縣驗報保户人等訊
無凌虐等情前來查例載蓦越赴京告重事不實者發邊遠

充軍又教唆詞訟誣告人之案係教唆之人起意主令者以主唆

之人為首聽從控告之人為從各等語此案萬先福京控各情

概屬捏砌惟控潘毓輝私征侵虧情事最重訊係呂雲樵挾

嫌架捏起意唆使京控應以呂雲樵為首呂雲樵合依舊越

赴京告重事不實者發邊遠充軍例發邊遠充軍監生萬先

福民人王乾一聽從遣抱京控除越訴輕罪不議外均應依為

從合雲樵軍罪上減一等杖一百徒三年萬先福年逾七十律應收贖已與王乾一先後在家在保病故應與訊無凌虐之保户人等均毋庸議萬先福原領盈照飭追咨銷鍾會東作抱京控係雇主萬先福使令訊不知情州書潘毓輝鄭啓榮王正發斗級李文昭均訊無私征舞弊及浮收勒折情事均免置議案經訊明未到人証並免提質以省拖累是否允協理合詳解候

憲台俯賜會核審轉

天門縣民張中茂一案看語

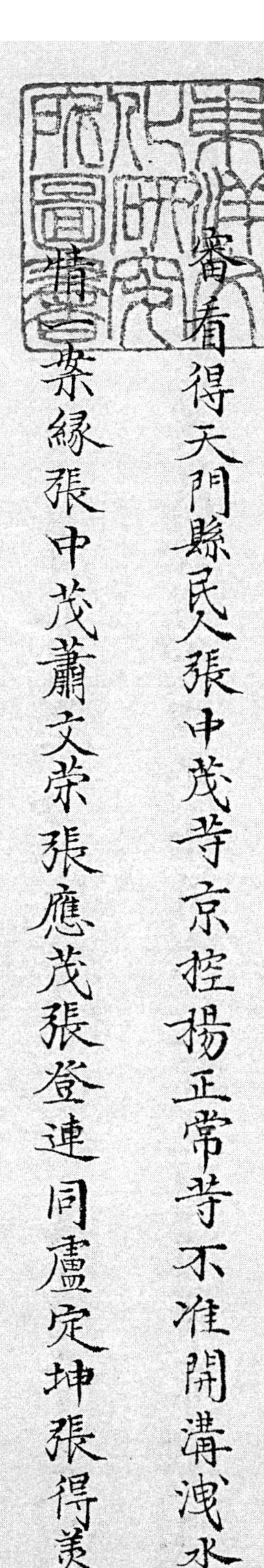
審看得天門縣民人張中茂等京控楊正常等不准開溝洩水等
情一案緣張中茂蕭文榮張應茂張登連同盧定坤張得美李
人春及蕭錫銘等共有管業湖田坐落張傘垸與楊正常隆中
俊熊亨衢甘露周楊文高鄧礼清汪序康熊字章熊品玉龔應
孝陳中鎣等管業吳家垸即陳潭湖田畝毗連以毛二巷分界
張傘垸居吳家垸之上垸內漬水向由毛二巷洩出吳家垸之

隆蔡溝滙歸天門縣河吴家垸業民曾與嘉慶十四年在隆蔡溝口公同建閘啓閉以資宣洩相安已久道光六七年間襄水漫淹致將隆蔡溝全行淤墨故道無存不能開閉張傘垸業民盧定坤等於二十年三月赴縣呈明就近由楊湖垸盧家堤口開溝建到嗣因河水倒灌致淹楊湖垸田經白瞻翰等控阻押築吴家垸業民於二十四年十月亦赴縣呈明價買熊蔡二姓低

田於窑頭地方開溝疏消漬水至二十七年二月十六日張傘
垸業民公議仍由毛二巷開溝盧定坤張得美李人春等隨於
吳家垸陳中鑾管業湖田開挖溝道希圖開通窑頭溝以便洩
水入河楊正常等擊見攔阻告知陳中鑾控縣經該前縣昇令
將盧定坤等責懲飭令查明開溝界趾另行具呈張中茂等因
舊有溝路淤塞垸内漬水無從疏消隨以楊正常等不准開溝

溲水等情赴安陸府暨

院司衙門具控　批縣勘訊人証未齊張中茂等疑係延擱偏詳

起意京控即照本省原控情節添砌延擱偏詳等情聯名具呈

張中茂一人進京赴

提督衙門具控送

刑部訊供咨解回楚行司委提人卷至省會札報委卑府審辦

遵即提齊人証訊悉前情此案張中茂等嘗業張傘垸湖田漬水向由毛二巷淺出吴家垸之隆蔡溝滙歸縣河嗣被襄水漫淹溝道淤塞故趾無存自須另行開溝俾資宣洩查吴家垸係楊正常等衆姓粮田應断令張中茂等與閤垸業民酌買吴家垸田畝上自毛二巷起下達楊正常等另開之窑頭溝止准其開溝一道先從窑頭溝建到開穵不得由毛二巷順穵而下其溝

寬以四弓為率深至五六尺不等揔期一律疏通即飭兩造按

弓計畝若干議定每畝價錢一千五百文令張中茂等交價揚

正常等代向吴家垸業主認買湖邊劃界頭縱溝現經該氏說明由張姓垸業戶買[illegible]

加

寬貳弓每歲責成兩垸業民公同修理飭縣照斷出示

曉諭以垂久遠而息爭端張中茂控揚正常等不准開溝洩

水添砌延擱偏詳等情訊係懷疑所致究屬不合張中茂應照

不應重律杖八十蕭文荣張應茂張登連聯名具呈均照為從

減一等杖七十折責發落盧定坤等強宅陳中奎湖田前具由

縣責懲免其重科取具輸服遵依甘結附卷無干省釋是否允

協理合解候

憲台會核審轉

竹山縣民蔡玉一案看語

審看得竹山縣民蔡玉京控縣差吉升并串詐毆搶并情一案緣蔡玉即蔡開盛弟兄有六均早分居其母范氏相依長子蔡玉過度蔡玉之二弟蔡開玖與陳惟常之子陳尚進各娶朱照之女為妻蔡開玖前因砍樹界址不清與朱照之弟朱昇暨其子朱大興爭訟有嫌道光二十四年十一月有蔡玉表戚向朝友將領種楚興廟田私行轉頂楊姓耕種得頂土錢二十千文

該庙首事閔立江并查知公議提田另佃向朝友逞忿用刀背
毆傷閔立名偏左報經該縣驗訊飭醫平復票差吉升并於二
十五年拘齊人証審明將向朝友杖責收管押令還錢退田時
蔡玉赴府應試攜有盤川錢二十四千文其母囑令路過縣城
時就便探看向朝友訟案消息蔡玉會見吉升詢知案已審結
應候繳錢方能開釋央懇代為先行取保吉升窺見蔡玉有錢

起意索詐報言必須代繳錢二十千文另外謝錢四十四千文

方可稟官提向朝友取保蔡玉不允爭鬧互相扭毆各未受傷

惟身穿紬衫被吉廾扯破當經周世林等勸散蔡玉控縣驗無

傷痕另差拘訊蔡玉旋赴鄖陽府並

督憲行轅暨襄陽道呈控該府行提人卷親訊未到二十五年

冬陳尚進負欠無償久避未歸其妻朱氏缺乏食用托高宗傑

将劉與翰所佃蔡開玖山地撥給一分與朱氏耕種朱氏並撫
至劉與翰家同居與蔡開玖常相往來陳帷常疑蔡開玖誘姦
控經該縣飭差鄭升并喚訊蔡開玖疑朱大與挾嫌串誣具詞
訴辯高宗傑劉與翰及地保彭與茂亦各抵寔具禀該縣比集
不到改差采魁并傳審票內並無朱照名目朱照舊有氣痛病
症發時每自怨命朱大與并常加勸慰二十六年四月內朱照

舊病復發服藥無效朱大興并恐尋短見留心防守五月初一日朱大興出外收帳朱大順并赴田工作家僕朱照之妻看守門戶朱照託言往蔡開玖家探望二女其妻信寔未阻追朱大興歸家聞知前往接父行至蔡玉屋後附近樹林驚見父縊樹枝上解救無及報經該署縣魏之文先期公出禀府飭委代理竹谿縣魏肯堂代驗通詳奉批飭審魏之文比差李懷并集審

並添差皮順并協喚值蔡玉蔡開玖在府未歸李懐并因蔡玉
係屬地主奉票往傳數次蔡范氏慝違呼喚嘱託張逶向差央
緩張逶隨向蔡范氏指稱縣差吉廾并勒要地主錢二百三十
千文伊已代付現錢九十千文餘請李大剛虢承令速信知蔡
玉設措蔡范氏不知吉廾並非是案原差張逶所言虛偽孚寄
蔡玉縷述情由並懐恨朱大興并父死不應报官以致伊家受

累字內抯叙朱照係朱大與使弟朱大順并送縊圖賴緝差七
名報縣及書差程經文并毀搶器物各情蔡玉閔字不甘照依作
詞先後赴院司道府各衙門迭控奉
撫憲批司飭府提審押發蔡玉遞回備質蔡開玖先已自府回
縣朱照之弟朱昇陳惟常之族兄陳開福各照陳惟常并控情
赴府控訴詞內牽叙蔡玉之四弟蔡開玉名目行縣一併傳解

縣差趙貴并途遇蔡開玖扭案暫押候傳齊人証解府蔡開并
質當衣物作為飯食用度蔡范氏得知兩子押縣復央張逵向
縣差説情將蔡開玖并釋放張逵仍指称吉廾索費已憑蔡
琛并代交錢三十六千文須案結一併歸楚旋蔡開玉
患病交保蔡開玖仍押候起解蔡范氏風聞案將發縣以
訟累無休始由陳惟常控姦繼因朱照自盡疑均係吉廾挾控

省提究之嫌串害所致起意遣子京控計圖洩忿隨親至府城
令蔡玉作詞赴京並揑称吉廾喝徒趙貴并用石將蔡開玉毆
傷生死未卜攔搶衣物銀錢蔡玉照依作就呈詞復自添揑賄
通府差李士昌并不提擱匿上文置被犯不喚吉廾勒去考費
錢二十四千文並將素有微嫌之李德煥并一併牵叙入詞因
陳
開福朱昇各曽旁岀遞呈指係訟師搪塞蔡范氏在府并候蔡

玉擕詞進京控奉
提督衙門送
刑部訊供洛解回楚交
撫憲行奉
憲台飭委卑府提訊原告供情詳蒙委員往提人卷蔡范氏聞
知往邀張逘同来對質張逘規避不面蔡范氏生疑慮恐審明

將蔡玉問罪自知悔悟隨同人証赴省欲預行呈明寔情行至襄
陽地方蔡范氏患病不能前進轉回竹山就医具結作詞交次
子蔡開玖囑其到省代投嗣委員押解人卷来省飭發下府蔡
開玖於未提訊之先代蔡范氏遞結呈悔前来隨提齊研訊批
各供悉前情恐係蔡玉捏悔卸罪並吉廾有畏罪串囑情弊再
三究詰批蔡玉堅供伊因向朝友衆受吉廾毆辱上控提府即

已在保候審朱照如何縊斃以及縣差有無勒錢二百三十串
張逵過交錢九十串係伊母寫字告知伊母識字係憑張逵之
言自寫並未倩人代筆原字伊當燒毀其張逵令有過錢三十
六串亦係伊母拟張逵之言向其面述張逵兩次所云過交錢
文俱尚未還現聞奉提避匿不敢赴質顯属藉名指詐伊母因
誤信主令誤告妻係以誤致誤並非有心捏誣臨審畏罪諉卸

伊母同行来省首悔吉廾并沿路皆知詳細并語質之吉廾并

供亦無異並枇堅称寔無得錢二十四串三十六串暨九十串

之事案無遁飾應即擬結此案蔡玉京控縣差吉廾并迭詐搶

毀各情或事本有因或听從母命即其捏砌府差受賄李德煥

并枉訟亦未指出証枇無可反坐惟控吉廾於向朝友取保已

得錢二十四串文如所告得寔吉廾應依蠹役詐贓十兩以上

例發近边充軍今審明吉廾只有索錢空言咎僅不應重杖係
誣（輕）為重自應按律問擬蔡玉即蔡開盛合依誣輕為重流止杖
一百餘罪收贖律軍流同折杖二百四十除得寔杖八十決杖
一百餘剩杖六十照律收贖蔡范氏遣子京控除所控縣差兩
次詐錢係誤信張逢之言控出有因外餘情多有不寔雖於未
審之前令子具結首悔究未便竟予免議蔡范氏應請於申訴

不寔杖一百律上量減一并杖九十係婦女且已年逾七十
照律收贖現在因病不能到案並免補提以示矜恤吉卅訊無
得錢串控斡攬承票之事第於蔡玉商議將向朝友取保起意
索錢並將其扭毆扯碎衣衫寔屬藐玩吉卅應照不應重律杖
八十加枷號兩個月枷滿折責革役所碎衣衫飭令照估賠償
陳開福朱昇事不干已輒各赴府遞詞殊有不合陳開福朱昇

各照不應輕律笞四十折責發落陳惟常因媳朱氏私自遷居
頻與蔡開玖往来跡涉可疑遂以誘姦具控情尚可原朱照因
病自尋短見與人無尤朱大典等訊未聳父圖賴綑差送縣應
典訊無毀搶器物攔路毀奪各非吉廾門徒之李懷趙貴皮順
均免置議案魁并甫經改差領票未及傳人朱照遽已縊斃其
票內並無朱照之名朱照不縊死於牵控朱大典之蔡開玖屋

後而投繯於無干之蔡玉地界樹上其為確係因病輕生該差并並未藉票滋擾尚屬可信現查蔡開玖訴詞只伊一人出名陳惟常原呈只告蔡開玖一人蔡玉詞称將伊蒲門控縣詰屬添砌聳听蔡開玖與朱大典并伐樹涉訟訊因界址不清業已查处明白向朝友控案早經該縣審斷完結亦俱毋庸議陳惟常嗣後應將其媳嚴加管束不許蔡開玖再相往来以杜衅端張

逐指差索詐固未入手罪有應得飭縣緝获另結無干省釋朱
照尸棺飭屬領埋未到人証邀免再提滋累是否允协理合
解候
憲台審轉為此

江夏縣逃徒楊洸照京控一案看語

審看得逃徒楊洸照京控胡綽元等扶嫌折毀房屋等情一案
緣楊洸照即楊彩籍隸江夏縣早年充當本縣捕役後因悞公
革卯與孀婦胡雷氏對門居住彼時胡雷氏家僱孀婦胡陳氏
孫年幼小楊洸照因其可欺常向胡雷氏借錢使用每次一二
百文或三五百文不等不記確數從未歸還道光二十年九月
十七日楊洸照又向胡雷氏借錢不允即捏稱胡陳氏竊其衣

服已查获原赃欲将胡陈氏锁拏送官経胡雷氏投知保除張

竹山并前往勸散十九日楊洸照因訛索未遂窮苦难度復持

斧前往胡雷氏家将其門扇打毁異其畏惧出錢因胡雷氏不

依正在争閙適該縣訪聞差拏楊洸照聞風逃避旋拟胡雷氏

遣抱告姪孫胡緯元並保除張竹山并赴縣控究获犯訊供通

詳審將楊洸照於兇悪棍徒屡次生事行兇無故擾害良人發

極邊足四千里安置例上量減一等擬杖一百徒三年發鍾祥

縣安置於道光二十二年十一月初二日到配二十三年正月

十八日在配脫逃批報飭緝未獲議擬咨參詎該犯楊洸照因

前被胡緯元控告問罪即以胡緯元挾嫌拆毀房屋并情牽涉

前案作詞進京赴

提督衙門呈控送

部訊伊洛解田楚楊洸照在逃病故經雲夢縣驗訊並無凌虐詳奉
撫憲行司飭提人券報委 甲 府審辦遵提現到人証訊悉前情
查楊洸照並未逃回原籍其房屋現係伊堂叔楊正家居住所
稱被胡淳元并挾嫌拆毀房屋并情顯係捏砌應即詳結此案
楊洸照前因向胡雷氏借錢不遂誣窃訛詐審擬滿徒配逃在
二十五年五月清刑

恩旨以前例免緝拏惟因前被胡綽元控縣致罪輒於逃後以胡綽元并挾嫌拆毀房屋并情揑砌京控罪有應得業已在途病故應與並無陵虐之解役人等均毋庸議胡綽元胡淮景訊無挾嫌拆毀房屋情事亦毋庸議無干省釋未到免提以省拖累是否允協理合解候

憲台審轉

枝江縣民婦張周氏京控一案看語

審看得枝江縣民婦張周氏京控張金銀等侵吞田產逼嫁毆辱等情一案緣張周氏籍隸該縣先經嫁夫徐姓不睦被出改嫁羅姓為妾復又被出改嫁張相希為妻生有張金屏一子其張相希之前妻生有張金銀張金秀二子張相琳與張相桓均係張相希胞弟先年張相希與張相琳張相桓分產立有分關內載祖遺現錢八百七十千文並湖南澧州及長陽縣兩處田地張相希張相桓各分現錢四百三十五千文張相琳分得澧州田四十八坵其長陽縣田地係按三股均分張相希陸續另置有枝江縣

田三石六斗嗣将長陽縣田賣去止剩地一分道光十二年張相希故後其前妻之子

張金銀張金秀各分田一石張周氏同子張金屏分田一石六斗因張周氏無屋居

住将長陽之地撥給張周氏造屋張金銀張金秀另出錢十千文給張周氏生息為

張金屏完娶用費亦立有分関十五年張金屏殀亡葬費無出張周氏将地賣

給劉得榮得錢五十千文将田當給張相琳得錢六十一千文十六年張周氏復将已

當之田託張相琳轉賣還債張相琳尋無買主田未賣成張周氏捏稱張相

琳阻掯不許變產並向網毆控縣審虛飭令張相琳好爲出售十七年張相琳負欠难
償在湖南澧州變賣分受田產張周氏疑係未分公田前往湖南控争經澧州訊明
係張相琳己業與張周氏無分取結完案張周氏在湖南未回時張金銀向張周氏
佃户私加上庄錢五十二千文又私收張周氏稞谷二十石二十年五月張相琳將張
周氏分收田一石六斗央凴張大中等作中賣與淩登科議定價錢三百一十千文
寫有契約淩登科一時無錢交付張周氏向討口角控以淩登科謀買伊田控奉

督院飭縣集訊張相琳先典此田曾出當錢六十一千文凌登科後買此田因張
相琳讓还當價錢二十千文於凌登科田價錢三百一十千文内提出四十一千文歸給
張相琳當價並扣収張周氏得過佃户上庄錢二十一千文及張金銀私加佃户上庄錢伍十二
千文應找付張周氏田價錢一百九十六千文凌登科照數繳縣給張周氏具領斷令
凌登科照契管業張周氏見張金銀未将私加佃户庄錢並私收稞谷歸还復具詞
添砌張金銀同張相琳串賣澧州公田赴司督

督院控告批行飭究經該縣審明張相琳已賣澧州田畝係其受分之業並非公田斷令張金銀將所收稞谷二十一石作價二十八千文同庄錢五十二千文繳縣給張周氏領回並杖責張金銀亦徹將案詳銷張周氏因田價用盡貧苦難度受雇在粮舡上與女眷做飯洗衣二十六年十一月內船抵天津張周氏憶及張金銀張相琳相待情薄起意誣告捏稱張相琳逼嫁毆辱累告道府批縣差役受賄埋冤央允搭船客人王姓代寫冤单並令於冤单上塡寫道光二十四年字樣自即進京背負冤单赴

步軍統領衙門呌究送

部訊供咨解回楚行提人卷飭委漢陽府夏　審明張相琳等並無逼嫁毆辱

情事將張周氏坐誣擬杖七十徒一年半照律收贖張金銀因張周氏

貧難愿出養贍錢四十千文飭繳給領淩登科所買田畝仍令照契管業詳解審咨奉准

部覆在案詎張周氏並不回歸隨將養贍錢文用去信令張金銀

等寄　錢　要用未到疑係張金銀等置之不顧於　仍

在船傭趁適至天津苦無依靠即倩路遇不知姓名測字人照前代
寫冤单復進京赴
步軍統領衙門呌冤並捏供前委漢陽府審訊時張金銀等賄
託經書張姓朦弊不為深究案內人証並未傳齊將伊掌責
僅令張金銀給錢四十千文並未追出田地勒令完案各情希圖
聳听將張周氏洛解回楚行司委提人巻至省報明飭委

甲府審辦遵提現到人証研訊即據張周氏供悉前情究詰張金銀等各無侵吞田産逼嫁毆辱情事核與原審相符案無遁飾此案張周氏京控係屬原情其所供經書受賄朦弊亦未確指証據無凴坐誣恃婦妄控究属不合應照申訴不實杖一百律杖一百准其收贖張金銀等訊無侵吞田産逼嫁毆辱及賄託經書朦弊情事應毋庸議張周氏不愿回籍張金銀張相琳

情愿每年共出錢十千文分作六腊月两次寄給張周氏收受以資

養贍餘悉如前案完結無干省釋未到人証並免提訊以省拖

累是否允協理合詳請

憲台查核俯賜審轉

長樂王萬明京控一案看語

審看得長樂縣民王萬明京控鄒士芹并奪種地畝搶去谷石
家具並情並王萬明咨解到楚旋即病故一案緣王萬明籍隸
枝江縣寄居長樂縣地方種地營生有父王槐相依度日道光二
十一年王萬明憑宋懷周佃種長樂縣監生鄒士芹與弟鄒士茆
山地並住庄屋一間當交押租錢五十千文議俟王萬明退佃撤還鄒
士芹退還押租二十六年十一月間王萬明欠債無償情愿退佃向

鄒士芹索退押租還債，鄒士芹隨將地另佃與王萬年耕種。王萬明
曾經借欠伊母鄒宋氏錢十八千文，欲在押租錢內扣還。王萬明以
押租被扣不敷還欠，復不願退佃。鄒士芹投鳴鄉保曹緒孝，向
東鳳赴縣呈控王萬明藉鄒士芹與伊另有互欠工錢會項，亦即
赴縣呈訴。經該縣准理，差役徐兆洪并喚集兩造訊明，鄒士芹逐
年短欠王萬明工錢十二千零，王萬明歷年借欠鄒士芹會項

共計錢十二千零適相抵還所有王萬明借欠鄒士芹之毋錢十八千令鄒士芹在王萬明押租錢内扣收找給王萬明錢三十二千文先與錢十千餘俟王萬明退佃搬遷另給一面飭差徐兆洪押遷完案鄒士芹將找給押租錢三十二千文併交原凴佃地之宋懷周如數繳縣王萬明被縣差徐兆洪催搬緊迫不服向徐兆洪爭鬧隨將家存麦粮及家具什物寄存潘國徵

傅通甲家聲稱退佃撇遷將鄧士芹繳縣押租錢三十二千文併

領出後因開銷落寓之陳開科家飯食錢十三千文又借用集

盤費錢三千文餘錢無多意欲上控翻案往向縣書陳正繩查

杖縣訊斷案被陳正繩村斥回向伊父王槐告知欲伊父出頭翻控

復被王槐斥阻即私赴府道呈控並扶縣差徐兆洪押遷騙逼之嫌

及縣書陳正繩村斥杖案之忿將開銷陳開科家飯食盤

費錢文控為該書差王鎖押分錢以父王槐出名控奉
撫憲批道飭縣訊詳王槐查知旋即赴縣具呈為子首悔並經該
縣訊明王萬明控房虛捏經父代首量予責懲議擬詳結王萬明被
責不甘並因佃地已退債負無錢償情急起意京控圖翻即查照
在本省上控情詞隱瞞自願退佃索取押租起衅緣由捏為郭
士芹欠伊工錢會項十四串零嗔討令王萬年奪種地畝並以

佃種鄧士芹與弟鄧士芬公共山地指為原佃係鄧士芬之地

鄒士芬並未逐遷又韋砌早經病故之子王家榮王家滿稱為被

逐拖斃又以先自寄存潘國徵傅通甲家麥粮家具什物後經逐

件揪回控為係成熟稻谷被鄒士芹與王萬年奪收搶取

自作呈詞進京赴

提督衙門呈控送交

刑部訊供咨解回楚在途染患傷寒甫經到省交差領調旋即病故
經江夏縣驗明訊無凌虐詳奉委提人卷至省報委 府審辦
兹提集人証訊悉前情此案王萬明京控鄉士芹等奪種地畝
搶去谷石家具以及縣訊責懲書役分錢各情雖俱有因究屬
藉端架砌且案經由縣訊明詳結復敢京控圖翻罪有應得
業經病故應與訊無凌虐之差役均毋庸議鄉士芹與王萬明

互欠工錢會項已由縣訊明兩抵無欠因王萬明自愿退地另行招佃並無不合即以王萬明押租扣收欠伊母之錢亦屬應扣應與訊無奪佃搶谷之王萬年並未听從搶谷之張宗明黄家榮反訊未分錢之縣書陳正繩縣差徐兆洪均免置議

南漳縣奉陳氏京控秦國寶一案

謹查南漳縣民婦秦陳氏與抱告秦正玉京控秦幗寶等唆使伊
夫秦舉棟與馬尚典涉訟並周朝璽等串詐等情一案緣秦
陳氏係秦舉棟之妻秦舉棟係秦舉梅之兄秦舉梅生母
秦朱氏係秦舉棟庶母分産各居秦舉棟平日不善理財放
蕩好用又娶妾李楊氏另住不令秦陳氏見面秦舉棟田房財
秦陳氏
物均係秦陳氏掌管經營積蓄加增恐夫浪廢銀錢按月酌送

秦舉棟日用伙食之外不肯多與有馬尚典係秦舉棟姪婿馬
給　多用
文昌之子馬文昌曽向秦舉棟借錢四十千外貿未還道光二
十七年三月初七日秦陳氏携子秦幅林與秦舉棟出外収租路
遇馬尚典秦舉棟向馬尚典索其父欠互相爭鬧馬尚典擲石
將秦舉棟額顱毀傷秦舉棟帶同族侄秦幗寶秦幗發
進城告狀經伊素好之周朝璽馮孟祥勸阻令馬尚典向秦舉棟

服禮息爭秦舉棟缺用欲藉案向秦陳氏騙出錢文假言伊
将馬尚典告准因案和息須錢開銷訟費即自寫發票計錢
一百八十七串告知周朝璽馮孟祥給令轉喝秦陳氏照票發錢
秦陳氏不允周朝璽等将票退還秦舉棟权執秦舉棟因
秦陳氏不允給錢控以秦陳氏與馬尚典有姦慫恿秦朱氏
控縣差喚並商喝周朝璽馮孟祥向秦陳氏誘称控関姦情到

官恐受刑責勸其出錢安頓差房免傳秦陳氏畏累将去價三
百五十四串錢之典契三紙交給周朝璽等轉交秦犖棟押錢
使用秦犖棟無處質押復令秦犖梅之妻父馮曰書向秦陳
氏謊稱原差胡洪升等俱嫌錢少欲拿姦婦審究伊替秦犖
棟借李家鋪長興號錢五百串係秦犖仁保人又借蔡廷槐稻
谷二百石作錢四百串係劉懷典保人将案了結令秦陳氏照数

償還秦陳氏答以無錢馮曰書轉向秦舉棟回復秦陳氏疑係
周朝墍等串詐分肥秦幗寶等主唆伊夫涉訟赴臬司
憲台呈控並申訴伊夫誣姦秦舉棟仍控以秦陳氏姦情由司
控奉
憲台
撫憲批行飭縣確審有武昌縣民吳曰東係秦朱氏外親尚未定
婚秦朱氏因聞秦陳氏有姦欲賣給吳曰東為妻馮曰書勸令

聽候官斷秦舉梅見秦舉棟秦陳氏在省逓詞未回即將秦舉棟
地內成熟包谷二十石收割並將秦陳氏家內猪一隻牽回馮曰書旋向秦
舉梅借去包谷四石秦陳氏於省控時曾托族侄秦幗有至家看門
秦幗有患病慮难照看恐有遺失將秦舉棟田房契約四十四紙
檢交秦舉棟堂侄孫秦正紀收存並將伊典得二百零二串之田托秦
正紀代種秦陳氏外回秦幗有病重語言不清秦陳氏聞知秦朱氏

欲將伊嫁賣並查知粮食猪隻被秦擧梅收去田房契約在秦正紀手内秦帼有所典田畝亦係秦正紀耕種心懷不甘起意京控令伊堂侄孫秦正玉代作呈詞將契約四十四紙錯記為五十四紙並添砌秦擧梅將所典田價一百八十串謀去縣差李榮把持府衙不許進詞及周姓退婚王姓控案未結各情有脚夫趙楚江替秦擧棟挑送行李工省得酒脚錢二串六百文秦陳氏未經查明誤謂趙楚江唆訟得錢六百六十

串將伊出首秦舉棟之妾李楊氏係已故李如禮之妻秦陳氏誤

聽傳言係秦舉梅母舅朱正綱之妻至秦舉棟家兩月即生一子有

曖昧之事令秦正玉一併叙入詞内秦正玉信寔照寫秦陳氏並令秦正

玉着抱一同進京赴

提督衙門呈遞送交

刑部訊供咨解回楚委提人巻至省報委卑府審办遵即提集訊悉

前情究無别故此案秦陳氏京控周朝璽等串詐各情均由懷疑所致

其串詐本夫秦犨棟誣姦與先自控告者不同至詞稱庶母秦朱氏

欲將伊嫁賣已審得寔照告期親尊長律罪止滿杖惟聽聞傳

言秦犨棟娶妾李楊氏有曖昧之事一併捏入詞内雖非有心平空誣

告究屬干名犯義秦陳氏合依妻告夫雖得寔亦杖一百徒三年律杖

一百徒三年 係婦人照律收贖秦犨棟告馬尚典與伊妻秦陳氏

通姦該杖一百是虛馬尚典以他物毆傷秦犇棟該笞四十是寔係
屬誣輕為重所剩不寔之杖罪律得收贖秦犇棟應從重依夫
誣告妻減所誣罪三等律於軍民相姦杖一百罪上減三等杖七十折責
二十五板馬尚典用石塊毆傷秦犇棟平復合依他物毆人成傷者
笞四十律笞四十周朝堅馬孟祥馮日書於秦犇棟取用自己財物
聽唆轉向其妻秦陳氏誘騙均照不應輕律笞四十與馬尚典各折

責十五板秦華梅因兄秦華棟與嫂秦陳氏赴省將其地内成熟包

谷及家存猪隻收回訊無搶取情事並與聽從着抢京控不知情之秦正玉均

免置議秦朱氏首告其媳秦陳氏姦私及欲將秦陳氏嫁賣事出

有因秦帼寶與縣差胡洪升並無唆訟及串詐情事並與訊無把

持之縣差李荣及訊無窃取契約强種田畝之秦正紀概毋庸議繳

到錢票塗銷契約發還秦華梅所收秦華棟之包谷猪隻及馮　曰

書轉借邑谷分别追還馬文昌原借秦㭍棟之錢仍俟馬文昌貿歸

由秦㭍棟自向清理是否允恊理合開具節畧呈乞

憲核